Niels Pflaeging | François Lavallée

S'organiser pour la complexité

NIELS PFLAEGING | FRANÇOIS LAVALLÉE

S'ORGANISER POUR LA COMPLEXITÉ

Revitalisez le travail et remettez l'humain au cœur de la performance

fo||ett publishing

Livres en anglais de Follett Publishing:

Organize for Complexity. How to get life back into work to build the high-performance organization, Niels Pflaeging, 5th edition 2020
OpenSpace Beta. A handbook for organizational transformation in just 90 days, Silke Hermann | Niels Pflaeging, 2nd edition 2020
Essays on Beta, Vol. 1. What's now & next in organizational leadership, transformation and learning, Niels Pflaeging, 2020
Cell Structure Design. Unleashing organizational capabilities for limitless value creation, Niels Pflaeging | Silke Herman, 2021

Pour toute question, suggestion ou demande de renseignements: contact@follettpublishing.com

Titre du livre original en allemand: «Organisation für Komplexität», Redline Verlag, 2014

Distribué dans le monde entier pour Follett Publishing.
ISBN 978-3-948471-14-9 (imprimer)
ISBN 978-3-948471-15-6 (e-book)

Illustrations et conception de la couverture: Pia Steinmann, www.pia-steinmann.de
Conception supplémentaire: Niels Pflaeging
Correcteurs: Valérie Girard, Laurence Bonhomme

Les livres de Follett Publishing sont disponibles avec des remises intéressantes lorsqu'ils sont achetés pour des événements et des promotions de vente, ainsi que pour des collectes de fonds ou des utilisations éducatives. Des éditions spéciales ou des extraits de livres peuvent être créés sur mesure. Pour plus de détails, envoyez un e-mail à contact@follettpublishing.com

Visitez nos sites internet: www.follettpublishing.com | www.workthesystem.com
Visitez aussi www.betacodex.org

«Si vous voulez vraiment comprendre
quelque chose, essayez de la changer.»

Kurt Lewin

Contenu

Comment utiliser ce livre

Vous pouvez l'utiliser de diverses façons.

Comme un livre de référence pour réfléchir aux organisations. Il contient une sélection d'outils de réflexion puissants pour une organisation dynamique et robuste – tous illustrés et visuels. Certains concepts s'appuient les uns sur les autres. Lire le livre du début à la fin peut être une bonne idée.

Comme une source d'inspiration. Vous trouverez des idées et des suggestions pour changer votre organisation. Votre travail de leadership. Les organisations de vos clients.

Comme un dictionnaire. S'organiser pour la complexité requiert un nouveau langage; de nouveaux termes; des distinctions précises. Sans une terminologie précise et du vocabulaire, nous ne pouvons concevoir le changement organisationnel requis pour cette ère, ni le réaliser. Ce livre est rempli de termes nouveaux et distincts. Ces termes sont souvent surlignés ou mis en évidence dans le texte et sont à l'occasion entre parenthèses.

Comme un cahier de travail. Ce livre peut vous servir de compagnon dans les processus de changement et de transformation; individuellement ou pour des équipes entières. De précieux conseils en regard de ces processus se trouvent en particulier dans les chapitre 5 à 7. À la fin du livre nous avons ajouté quelques pages pour vos notes personnelles.

{ Apprenez à réparer le système plutôt que les symptômes. }

Les mêmes questions, partout...

Ce document aborde les questions fondamentales que se posent les chefs d'entreprise, gérants, managers, agents du changement et autres professionnels.

Nous nous posons tous des questions du type:

- comment les organisations peuvent-elles manœuvrer face à la complexité grandissante?
- comment adapter une organisation en croissance, sans la faire tomber dans le piège de la bureaucratie?
- comment améliorer notre capacité à s'adapter aux nouvelles situations?
- comment surmonter les obstacles existants à la performance, innovation et croissance?
- comment se transformer en organisation plus adaptée pour les humains, et obtenir un meilleur engagement?
- comment produire un changement profond, sans être arrêté par des obstacles?

Dans ce livre, nous expliquerons que, pour aborder ces questions, nous devons créer des organisations qui sont réellement robustes face à la complexité mais également adaptées à la nature humaine. Nous évoquerons également comment cela peut être implanté.

{ Vous apprendrez les concepts qui permettent de s'organiser face à la complexité, indépendamment de la taille, l'ancienneté, l'industrie, le pays ou la culture. }

Partie

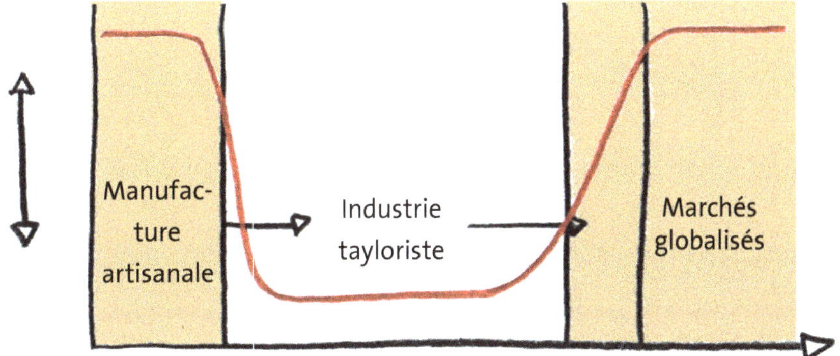

1

Complexité: pourquoi elle affecte le travail et les organisations

(Énormément.)

Management, la technologie sociale: Montée et chute d'une idée brillante

En 1911, dans son livre de référence «Principles of scientific management». **Frederick W. Taylor proposa le management comme une «révolution»** repoussant les limites de la productivité dans les organisations de l'ère industrielle. Le taylorisme a justement réussit à atteindre cet objectif. Taylor devint l'instigateur du «management» comme méthodologie organisationnelle qui donnerait des ailes dans la quête de l'efficacité de l'ère industrielle.

Taylor fut pionner dans l'idée **de diviser l'organisation entre penseurs (managers) et exécutants (travailleurs)** – légitimant ainsi la profession de managers comme étant celle de «directeurs pensants pour ressources humaines non pensantes». Taylor introduisit également la division fonctionnelle dans la production. Les concepts de Taylor furent rapidement dénoncés comme inhumains et non scientifiques, ses méthodes comme inefficaces. Mais Taylor était un visionnaire dont le rêve était de faire la paix entre employés et gestionnaires à travers des gains d'efficacité dont tous pourraient bénéficier.

Ce principe de division fonctionnelle devint l'ADN du management. Cette nouvelle technologie sociale (la division hiérarchie/fonctionnelle) fut adoptée amplement après sa mort, en 1915, non seulement dans les ateliers, mais aussi dans les métiers non industriels – dans toutes les sphères du travail en fait. Ainsi, le management d'aujourd'hui ne se différencie pas beaucoup de ce que proposa Taylor il y a un siècle. Dans les marchés dynamiques et complexes, cependant, l'ordre-et-contrôle devient toxique, aussi bien pour le rendement organisationnel que pour l'avancement humain/social.

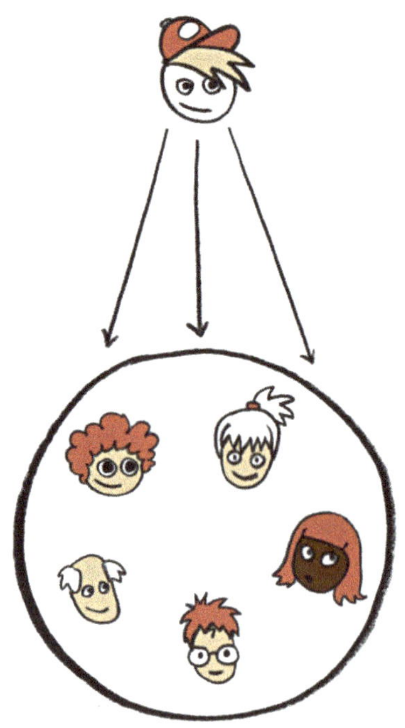

{ Nous appellerons par la suite le management tayloriste, Alpha. }

Le prix de la simplification: trois «brèches» systémiques provoquées par le «management»

1 La brèche sociale
La division hiérarchique et le contrôle «top-down» provoquent une érosion de la pression sociale/groupe et du dialogue et une gestion biaisée basée sur les chiffres et un management basé sur la peur.

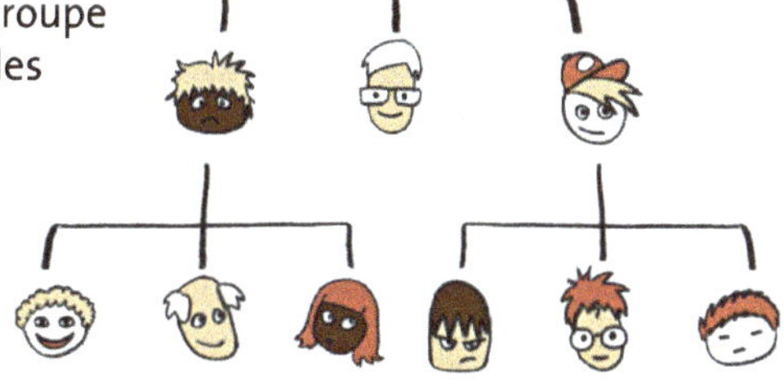

2 La brèche fonctionnelle
La division fonctionnelle entraîne des responsabilités fragmentées et étroites et un besoin de coordination gérée/imposée au travers du contrôle des processus, interfaces, planification, normes, standards, pouvoir hiérarchique, etc.

3 La brèche temporelle
La division entre penseurs dirigeants et non-penseurs exécutant entre la planification et l'exécution nécessite des rôles gérés/imposés, des technologies d'information compliquées, de la stratégie, des cibles, des prévisions et la planification.

{ Aucune ne fonctionne bien. Aucune n'est créatrice de valeur. Les trois brèches mènent toutes au gaspillage. C'est un prix élevé pour une illusion de contrôle. }

L'histoire des marchés dynamiques et l'ascension récente des marchés globaux complexes

Nous appellerons le graphique de la page suivante la «baignoire de Taylor».

L'ère industrielle a vu apparaître dans une courte période des marchés de masse à forte croissance avec relativement peu de compétition. Les marchés dominés par les monopoles ou oligopoles étaient lents ou apathiques. Durant cette période la gestion Alpha devint la méthode standard des modèles organisationnels parce qu'il était devenu possible, pour la première fois de l'histoire de l'humanité, d'éliminer la complexité de la création de valeur à l'aide de machines et de standards de performance. Le taylorisme, ou Alpha, était la solution parfaite pour cette tâche.

Cette époque est révolue. **La création de valeur hyper-dynamique a ré-émergé dans les années 70 à cause de la montée des vastes marchés compétitifs** globaux et le retour de la demande plus individualisée en rendant suprême la personnalisation et en permettant la personnalisation de masse.

La création de valeur dynamique, à son tour, demande une augmentation des interventions humaines dans le processus de résolution de problèmes. Alpha devient alors un obstacle.

* Les termes «complexité» et «dynamisme» sont utilisés de façon interchangeable tout au long du livre, la plupart du temps – au nom de la simplicité.

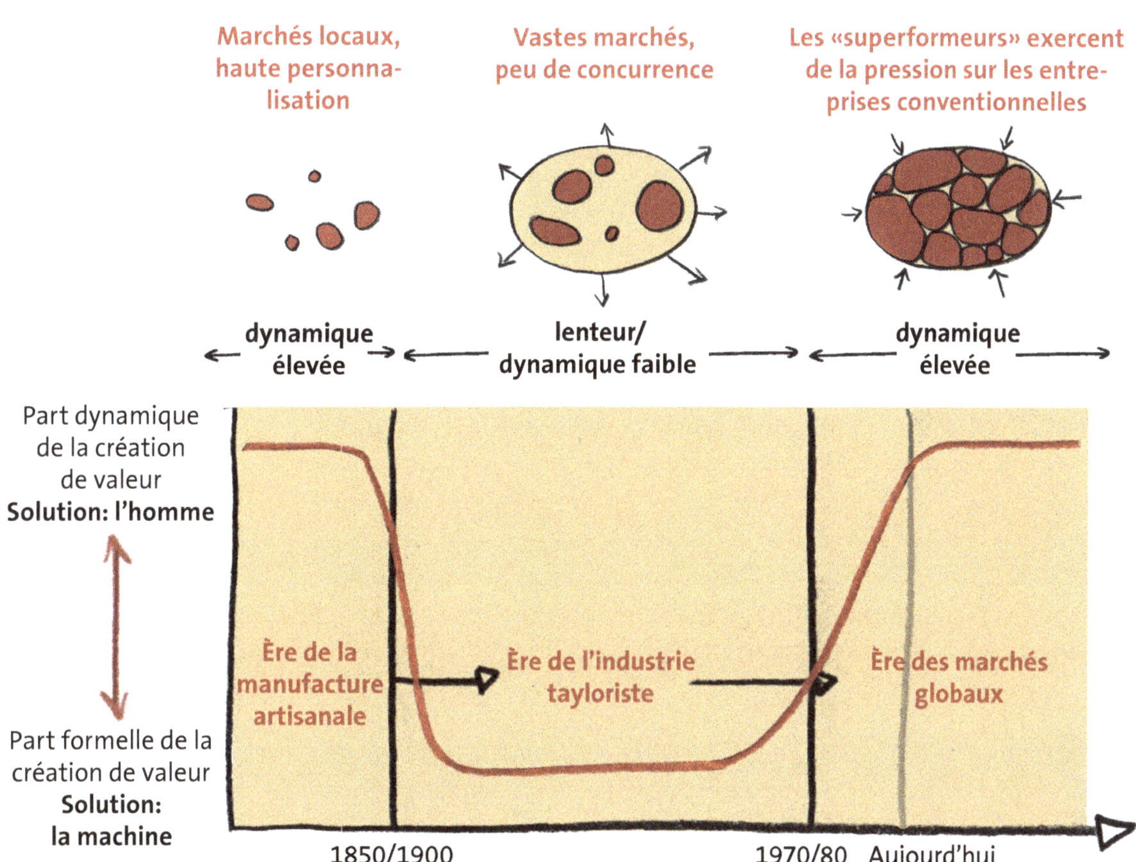

{ La dominance de fortes dynamiques ou de la complexité croissante n'est ni bonne ni mauvaise. C'est un fait historique. }

La différence entre le compliqué et le complexe

Les systèmes compliqués fonctionnent de façon standardisée. L'imprécision y est diminuée, la non objectivité et l'incertitude y sont réduites autant que possible. Elles peuvent être décrites par des chaînes de cause à effet non ambigües et sont parfaitement contrôlables depuis l'extérieur.

Toute machine de haute précision est compliquée: tout est fait pour réduire les imprécisions/augmenter la précision. Une montre, par exemple, est calibrée pour éviter les erreurs et l'incertitude. Elle est configurée pour produire des données objectives, sûres et avec un minimum d'illusion.

Les systèmes complexes génèrent des surprises et souvent sont constitués de créatures vivantes. Ce sont des systèmes vivants – c'est la raison pour laquelle ils peuvent changer à tout moment. De tels systèmes sont uniquement observables depuis l'extérieur, mais pas contrôlables.

Le comportement d'un système complexe n'est pas prévisible. Il est donc naturel d'y trouver un niveau d'erreur, d'incertitude et d'illusion beaucoup plus élevé que dans les systèmes compliqués. Un système complexe peut posséder des éléments qui opèrent de manière standardisée, mais leur interaction changera continuellement, de manière discontinue.

{ Traiter une organisation complexe comme s'il s'agissait d'un système compliqué est une erreur fondamentale de raisonnement, une sur-simplification de la situation. }

Conséquences de la complexité: l'importance de la maîtrise pour résoudre les problèmes

L'unique «chose» capable d'aborder avec efficacité la complexité est l'être humain.

Ce qui importe en complexité, en ce qui concerne la résolution de problèmes, ne sont ni les outils, ni la standardisation, ni les règles, ni les structures, ni les procédés – tous ces éléments qui nous étaient bien utiles durant l'ère industrielle et ses marchés opaques.

En complexité, la question importante n'est pas comment résoudre un problème, mais plutôt qui peut le faire. Les personnes habiles, les maîtres en la matière sont ce qui importe le plus maintenant. Les personnes avec des idées. Nous les appelons des professionnels. Un professionnel qui a des apprentis est un maître.

La résolution de problèmes dans un système inerte se base sur des instructions. La résolution de problèmes dans un système vivant se base sur la communication.

{ La complexité ne peut être ni gérée ni réduite. Elle ne peut être affrontée qu'au travers de la maîtrise humaine. }

Le paradoxe de l'optimisation: en complexité, optimiser un élément d'un système n'améliore pas l'ensemble, mais diminue l'efficacité globale

Travailler sur un seul élément d'un système complexe n'améliore pas le fonctionnement de l'ensemble: cela est dû au fait qu'un système ne dépend pas tant des parties qui le composent, que de la manière dont elles s'imbriquent.

Ce qui améliore réellement le système de manière globale est de travailler non pas sur les éléments, mais plutôt sur les interactions entre ces éléments. On peut appeler cette attitude «leadership».

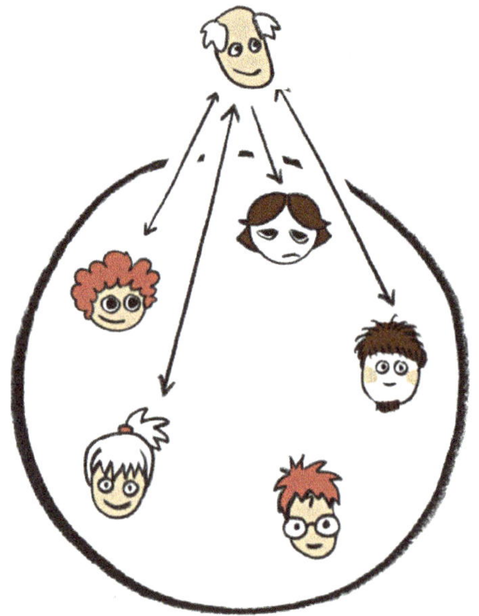

Penser et agir de façon mécanique, par addition.

Penser et agir de façon systémique, simultanément.

{ Les systèmes ne s'optimisent pas sur leurs éléments, mais plutôt en travaillant sur leurs interactions. }

Symptômes ou problèmes? Tout ce qui ressemble à un problème n'en est pas nécessairement un

La plupart du temps, lorsque nous parlons de «problèmes» dans le contexte du travail et des organisations, nous ne parlons pas réellement de problèmes, mais plutôt de symptômes. Les symptômes sont les effets visibles et palpables d'un problème. Ils comprennent les défauts, les erreurs, les bogues, le manque de ponctualité et la résistance au changement.

Un outil de réflexion simple qui aide à «aiguiser» les problèmes, et à trouver les causes fondamentales des symptômes du problèmes est la technique des "5 Pourquoi" popularisée par Toyota. Cet outil nous aide à éviter la tentation de tirer hâtivement des conclusions ou de trouver des solutions à des problèmes que l'on connaît bien.

La tentative de trouver des solutions aux seuls symptômes, ou de bricoler des symptômes avant d'avoir compris le problème, s'appelle de l'activisme ou du militantisme.

Dans les problèmes reliés à la complexité, les portions complexes ont tendance à être connectées, créant du désordre. En raison de cette situation, les problèmes individuels ne peuvent être résolus de façon isolée. De la même façon qu'un étang dont la surface est couverte d'innombrables nénuphars le sera parce qu'une seule ou quelques plantes sont enracinées profondément au fond du lac. Dans les organisations, des centaines de symptômes seront associés à une poignée de problèmes qui peuvent être dus à une ou deux erreurs fondamentales. En agissant sur ces erreurs de base avec des solutions adéquates et complexes, plusieurs de ces problèmes se dissolvent. Les outils traditionnels ne sont pas adéquats pour ce genre de situations.

{ Le militantisme engendre l'échec et rend l'apprentissage impossible }

Conséquences de la complexité: l'importance de la maîtrise de la résolution de problèmes dans un contexte dynamique

Quand les marchés étaient moroses et lents, le succès organisationnel a été produit par l'application de méthodes et de répertoires comportementaux Alpha. Par conséquent, dans de nombreuses organisations, les gens ne connaissent et ne maîtrisent que ce seul type de répertoire. C'est un peu comme si vous aviez été élevé en Angleterre et que vous étiez habitué à conduire du côté gauche de la circulation.

Nous avons tendance à attribuer nos succès à notre propre répertoire comportemental: «J'ai réussi parce que j'ai agi de telle ou telle manière». **En fait, nous avons réussi parce que notre comportement correspondait au contexte.**

Aujourd'hui, dans une dynamique élevée des marchés, le succès exige un autre répertoire, adapté à ce nouveau contexte, mais aussi un répertoire qui n'a pratiquement pas été pratiqué ou appris. Ce nouveau répertoire peut même être ridiculisé. On dit alors: «Les compétences douces ("soft skills") sont pour les personnes qui ne connaissent rien d'autre ou encore «C'est un élément agréable à posséder, mais qui n'est pas pertinent pour la performance.» L'échec est attribué aux changements de contexte, mais pas à notre propre comportement. Les organisations d'aujourd'hui ont donc tendance à gérer les problèmes par réflexe... C'est comme conduire une voiture en Angleterre juste après y être arrivé.

{ Nous devons réentraîner nos réflexes. }

Partie

2 L’humain et le travail: l’ingrédient secret

(Comment atteindre et saisir le potentiel humain)

La nature humaine au travail: la distinction essentielle de McGregor

Quelle théorie me décrit moi, ainsi que les gens qui m'entourent?

	Théorie X	Théorie Y
Attitude	Les gens n'aiment pas travailler, c'est ennuyant, ils évitent de travailler s'ils le peuvent	Les gens ont besoin de travailler et souhaitent y trouver un intérêt. Sous les bonnes conditions, ils y trouvent même du plaisir
Direction	Les gens doivent être contraints ou incités pour produire un réel effort	Les gens s'auto-dirigent vers un objectif qu'ils acceptent
Responsabilité	Les gens préfèrent être dirigés que d'accepter des responsabilités (qu'ils évitent)	Les gens recherchent et acceptent des responsabilités, si les conditions sont remplies
Motivation	Les gens sont motivés par l'argent et la crainte de perdre leur emploi	Sous les bonnes conditions, les gens sont motivés par le désir de se réaliser et d'améliorer leur potentiel
Créativité	La plupart des gens sont peu créatifs – sauf quand il s'agit de contourner les règles	La créativité et l'ingéniosité sont amplement présentes chez chacun d'entre nous et largement sous utilisées

Source: Douglas McGregor, 'The Human Side of Enterprise', 1960

La nature humaine au travail: nous avons un problème d'observation

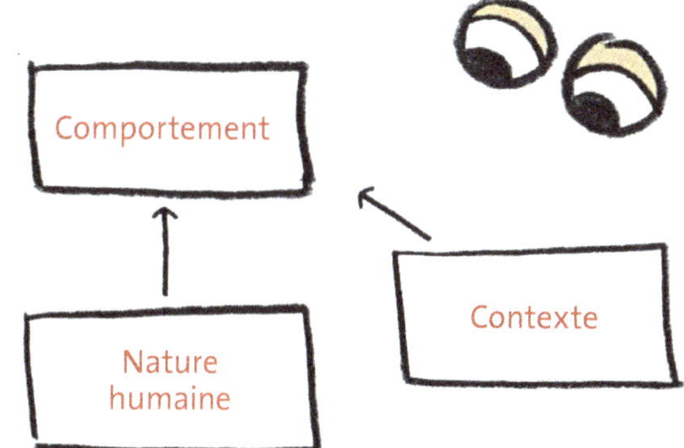

Si on nous interroge sur quelle théorie – X ou Y – nous décrit le mieux, nous répondons tous immédiatement «Je suis de la catégorie Y!». Mais la réponse est rarement aussi claire si on pose la question à propos des autres. N'avons-nous pas tous dû fréquemment travailler avec des gens de la Théorie X dans nos vies? Au travail? Dans nos organisations?

Selon Douglas McGregor, seule une des deux images de la nature humaine est «valide» et soutenue par la science et la théorie disponibles. **L'autre, la Théorie X, n'est rien d'autre qu'un préjugé que nous avons sur les autres personnes.** Deux raisons expliquent pourquoi cette théorie, en plus d'être une superstition, est répandue. En premier lieu, elle reflète un mode de pensée commun dans notre passé prédémocratique. Dans un second lieu, quand nous observons le comportement des autres personnes, nous avons tendance à en tirer des conclusions sur la nature humaine des autres – souvent en ignorant l'influence du contexte.

Ce point est important, car nos préjugés au sujet des autres orientent notre comportement et nos agissements dans nos organisations: si nous croyons en la Théorie X, nous créerons une organisation de type commandement-et-contrôle. Dans le but de créer des organisations robustes face à la complexité, il nous faut une vision partagée de la nature humaine.

> Nous ne pouvons pas agir sur les systèmes, le leadership, la performance ou le changement de manière cohérente si nous ne nous mettons pas d'accord au préalable sur les hypothèses que nous retenons sur la nature humaine.

La nature de la motivation et pourquoi les leaders ne peuvent motiver

Nous sommes tous dirigés par nos motivations. Dans une certaine mesure, chacun possède différents types de motivations. Chacun est «porteur de motivations», ou «intrinsèquement motivé». Les niveaux spécifiques ou la dominance de certaines motivations, cependant, varient grandement entre les individus.

Pour les organisations ou les entrepreneurs, cela signifie: ils ne peuvent motiver. Car la motivation est en elle même, intrinsèque. La chose la plus importante que peuvent faire les organisations pour stimuler la performance, c'est de faciliter les opportunités pour connecter des individus et des organisations, au travers des objectifs et des activités. **Nous appellerons ce phénomène, quand un individu se connecte volontairement au travail et à l'organisation, connectivité.**

Malheureusement, le mythe du pouvoir de motivation du leadership est et reste généralisé. Ce qui est sûr, en tous cas, c'est que: du fait de la nature intrinsèque de la motivation, les leaders, au travers de leurs comportements, ne peuvent que démotiver.

{ Toutes les tentatives pour motiver ne peuvent que mener à la démotivation. }

Les outils de gestion et les pratiques organisationnelles les plus courants sont inefficaces ou carrément dommageables

Peter Drucker, guru du management, a écrit un jour que 90% des pratiques que nous appelons la gestion ne font qu'empêcher les personnes de s'acquitter de leur travail.

On pourrait discuter du pourcentage exact, mais Drucker avait globalement raison avec sa conclusion. La question reste cependant de savoir quels sont ces 90%?

La distinction de McGregor est très utile pour répondre à cette question: toutes les pratiques basées sur les hypothèses de Théorie X et conçues «pour les personnes type X» sont inefficaces, voire dangereuses. Voici quelques exemples.

{ Les outils et les pratiques peuvent être testés en se demandant: Sur quelles hypothèses concernant la nature humaine sont-elles fondées – la Théorie X ou la Théorie Y? }

Outils «X»

Organigrammes

Évaluation de la performance/360°

«Méritocratie»

Allocation de vacances

Titres d'emploi

Heures de bureau/ contrôle des heures de travail

Heures supplémentaires

Bonus financiers

Gestion des connaissances

Classement forcé des employés

Structure linéaire / structure matricielle

Bureau privilégié

Planification stratégique

Cibles individuelles

Codes vestimentaires

Quotas

Descriptions de poste

Négociations ciblées

Gestion par objectifs

Diagnostic organisationnel sur la culture

Gestion des compétences

Centres de développement

Enquêtes auprès des employés

Écarts salariaux

Boites à suggestions

Développement du personnel

Centres d'évaluation

Formation (-budgets)

Compte de dépenses personnelles

Rémunération au rendement

Planification de la relève

Plan de carrière

Politiques de voyage

Budgétisation

Stationnements divisés par statut

Droits de signature

Payer par poste

Comités directeurs

Apprécier les spécificités comportementales: personnes et préférences

Le comportement d'un individu est fortement influencé par ses préférences. Le concept de «préférence" fut introduit par Carl G. Jung dans son travail pionnier «Les types psychologiques».

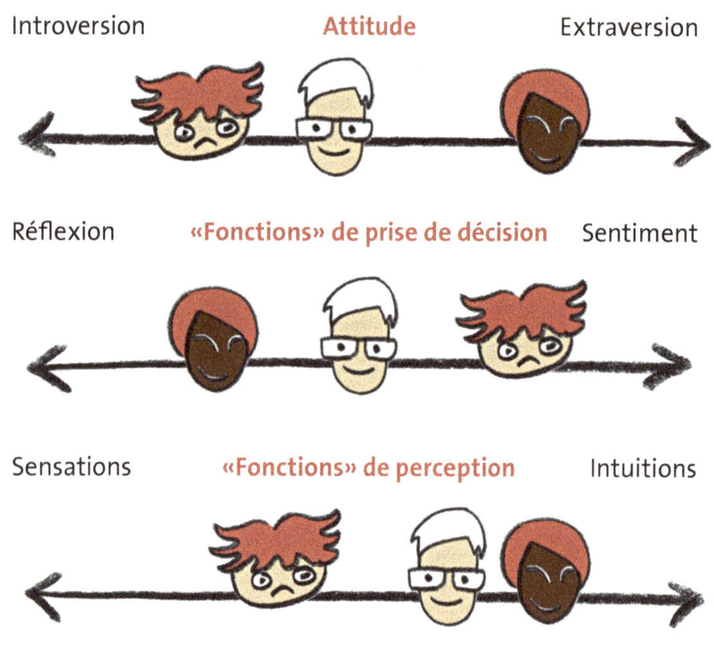

Attitude. Jung différencie les types, en premier lieu, par leur attitude générale. L'attitude décrit la forme avec laquelle les gens réagissent préférentiellement aux expériences internes ou externes.

«Fonctions» de prise de décision. Les individus «cérébraux», préfèrent prendre des décisions en pensant les choses, utilisant rationnellement la «capacité de réflexion». Les individus «de cœur» préfèrent évaluer et prendre des décisions en utilisant leur «capacité de sentiment».

«Fonctions» de perception. Nous voyons le monde à travers une combinaison de «sensations» pour enregistrer les détails sensoriels, et «intuitions» pour en voir les ensembles, créer des liens et en interpréter le sens.

Utiliser des spécificités des préférences pour affronter la complexité

Il existe une grande variété de comportements au sein des trois catégories de préférences; le comportement d'une personne se décrit en fonction de la position de chacune dans les trois échelles bipolaires. La majorité des gens ne se situe pas dans les extrêmes, démontrant un comportement équilibré – ce qui en rend la lecture plus difficile.

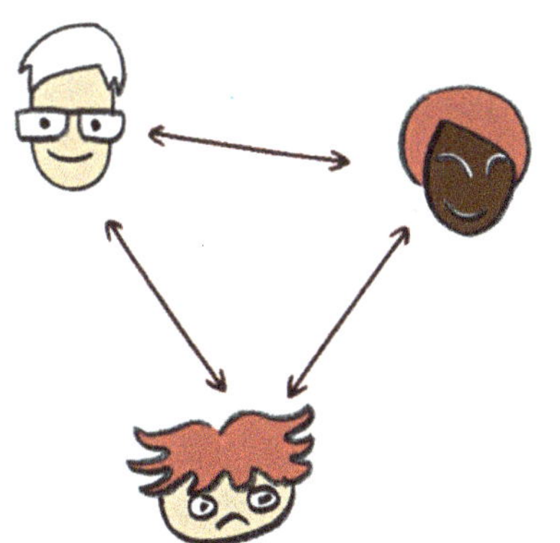

Chaque personne a la capacité d'utiliser les deux facettes de chaque échelle bipolaire, bien que chacun ait une préférence pour un côté plutôt que l'autre dans la majeure partie des cas.

Quand des personnes avec des préférences différentes travaillent ensemble, elles peuvent se compléter mutuellement.

{ Dans un environnement complexe, la diversité des motivations et préférences peut être un atout ou un fardeau, selon le niveau de réflexion. }

Ce qui rend les gens complexes: en résumé

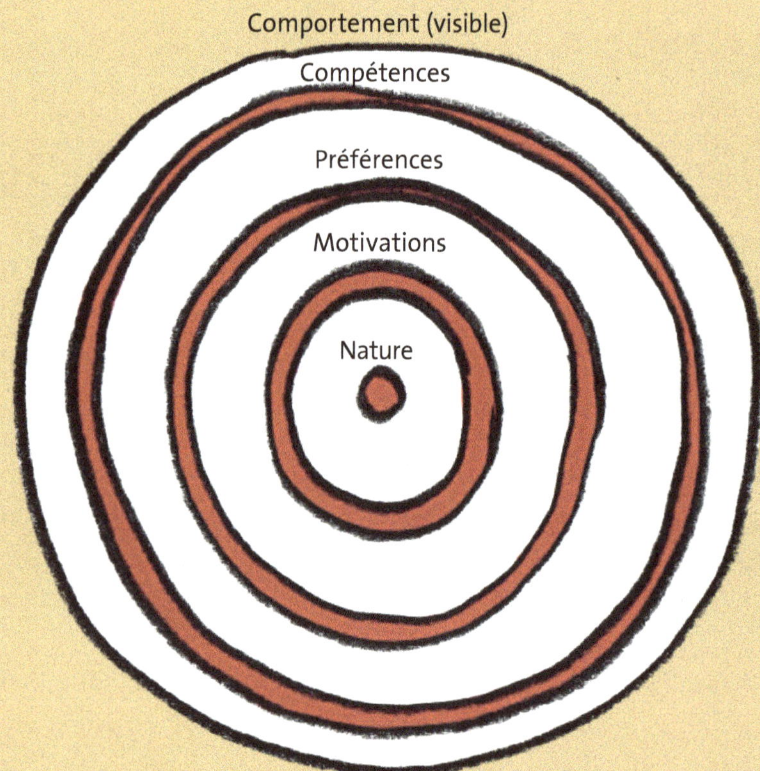

Le comportement d'un individu est déterminé par ses motivations, préférences et compétences. Les motivations sont relativement stables dans le temps – elles décrivent le niveau d'importance de certains objectifs pour l'individu. Les préférences, au contraire, peuvent évoluer au cours de la vie – en fonction de l'environnement, des buts, des objectifs personnels.

Motivations et préférences, combinées, influent sur notre envie d'acquérir certaines compétences. Certaines sont déjà présentes, d'autres peuvent être apprises. Les compétences sont, donc, directement liées à **l'apprentissage.**

Comme vu précédemment, seul le comportement est facilement observable. Et il est encore relativement facile de décrire les compétences d'un individu. Avec plus d'efforts, les préférences peuvent être identifiées et décrites. L'identification correcte des motivations requiert beaucoup plus d'efforts et de délicatesse. La nature humaine, quant à elle, ne peut absolument pas être observée: c'est une question de conviction, de croyance en des théories sociales.

{ Le problème est le suivant: l'observation du comportement a tendance à nous faire méjuger des compétences, motivations voire même de la nature des autres. S'organiser pour la complexité demande une réflexion plus profonde. }

Compétence individuelle vs compétence collective

«Nous avons appris que l'expertise individuelle n'était pas corrélée à la performance individuelle. Ce qui distinguait les personnes les plus performantes était un réseau personnel plus large et plus diversifié.»

«Il est cinq fois plus probable qu'un ingénieur recourt à une personne pour obtenir une information qu'à une source impersonnelle comme une base de données.»

Cross, Rob et.al. The Hidden Power of Social Networks.
Boston: Harvard Business School Press, 2004

La majorité des organisations est obsédée par la performance individuelle. Mais la performance individuelle est un mythe

Non seulement la performance individuelle est surévaluée, mais elle n'existe tout simplement pas dans les organisations.

Pourquoi? Parce que la valeur, ou les résultats, ne sont pas le fruit d'actions individuelles, mais plutôt **de l'interaction entre différents individus ou équipes**. Un représentant commercial réalise uniquement une partie de la vente – les autres parties sont réalisées par les personnes des services de support, production, comptabilité et professionnels de RH.

Du fait des interdépendances omniprésentes dans les organisations, essayer de définir des objectifs personnels, ou mesurer le rendement individuel, est trompeur.

{ Les évaluations de performance individuelle peuvent seulement avoir un effet déshumanisant et démotivant chez les personnes et endommager l'esprit d'équipe. }

Les individus communiquent et se connectent de diverses manières. A propos des «archétypes» de communicateurs

Moyeux («hubs»): attirent et diffusent l'information

Portiers: gèrent l'information de manière calculée

Preneurs de pouls: grands observateurs des autres individus

Karen Stephenson, Quantum Theory of Trust. Harlow: Pearson Education Ltd, 2005

Connecteurs: échangent l'information avec beaucoup de personnes

Mavens: sont les courtiers de l'information, les spécialistes qui ont un insatiable besoin de partager

Vendeurs: maîtres de la communication interpersonnelle

Malcolm Gladwell, The Tipping Point. Boston: Back Bay Books, 2002

{ Il n'est pas important de savoir si un de ces concepts est «vrai» ou «meilleur». Mais il existe un énorme avantage potentiel à faire bon usage de ces différents schémas sociaux et de ces diverses formes d'agir. Utilisez-les ou ignorez-les, à vos risques et périls! }

L'énigme d'apprentissage: Les données et les informations ne signifient pas «intelligence»

Les données

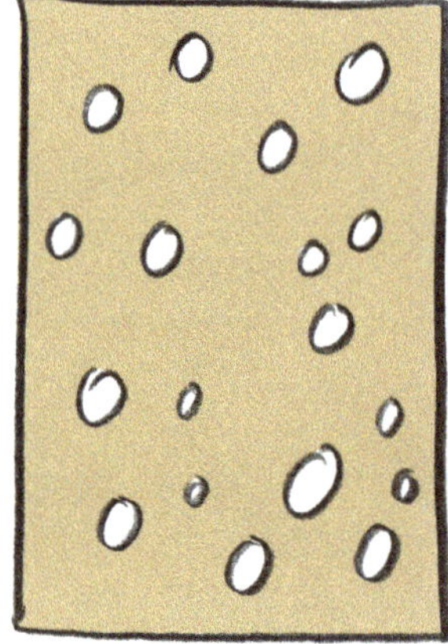

Information

Connaissance

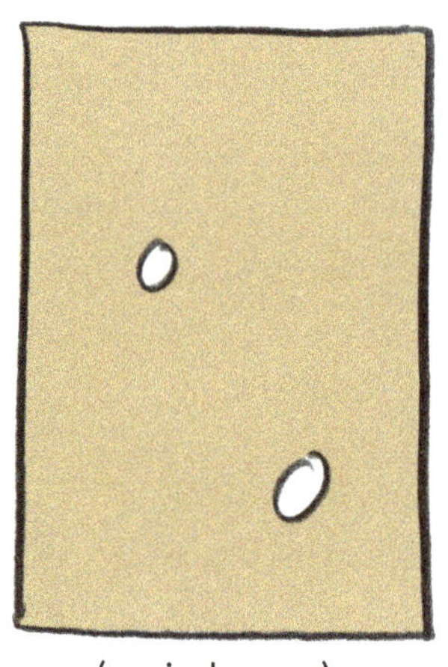

(avoir du sens)

La maîtrise

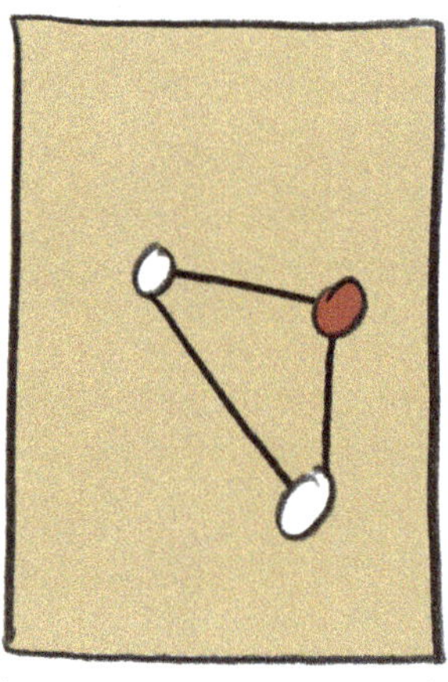

(créer de la connaissance)

Grâce à la contextualisation, les données peuvent être transformées en informations. Les données et les informations sont inertes en elles-mêmes: elles peuvent être stockées et sont indépendantes des porteurs humains.

La connaissance est différente: elle nécessite une assimilation humaine ou un apprentissage. Étudier, expérimenter et apprendre sont des facilitateurs d'apprentissage. Les connaissances peuvent être appliquées à des problèmes connus par ceux qui ont acquis des compétences ou développé une expertise.

La maîtrise («mastery») est la capacité humaine à résoudre de nouveaux problèmes. Elle ne peut être développée que par la pratique. Nous appelons cela «pratique disciplinée».

> Les modes du jour comme l'analyse commerciale, la gestion des connaissances et les mégadonnées (big data) ne rendront jamais les entreprises plus aptes à la complexité.

Partie

Auto-organisation des équipes et organisations en réseau

(des vieux principes de gestion aux nouveaux et meilleurs)

La formation des équipes: Le phénomène de fragmentation

L'idée de «fragmentation»: un groupe d'éléments est perçu comme un simple «fragment». La limite de la fragmentation est similaire à une membrane cellulaire ou une frontière nationale. Cela crée une identité distincte à l'intérieur pour le groupe. Selon le contexte, chacun peut ignorer la structure interne du fragment ou la prendre en considération.

Hofstadter/Douglas. Gödel, Escher, Bach.
New York: Basic Books, 1979

Appelons un fragment individuel une cellule, et son contour une membrane cellulaire.

Appelons un ensemble de cellules (le système) un réseau de structure cellulaire.

Appelons les limites de ce système ou réseau une sphère d'activité.

Organisation du travail: formes traditionnelles de fragmentation d'équipes – et où se situe la différence

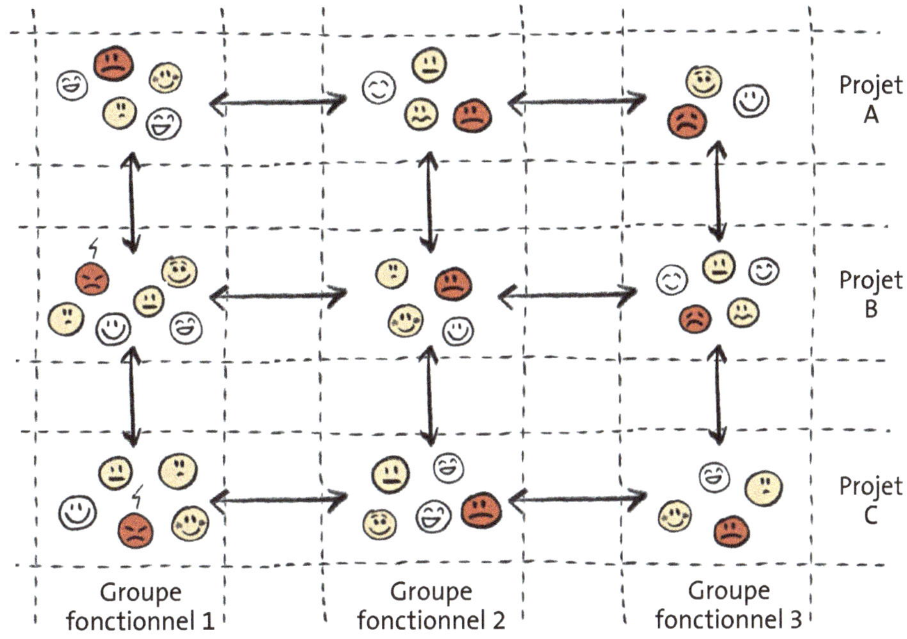

Principe de gestion «*Bêta*»:
les équipes sont multifonctionnelles ou fonctionnellement intégrées. «Divers individus qui travaillent interconnectés, avec les autres» – individus qui s'engagent à travailler ensemble pour atteindre un objectif commun.

Principe de gestion «*Alpha*»:
Les groupes sont unifonctionnels ou fonctionnellement divisés. «Individus similaires et physiquement proches, qui travaillent les uns avec les autres, en parallèle» – en général en compétition les uns avec les autres.

{ «Équipe» et «groupe» sont deux concepts entièrement différents. }

Commandement-et-contrôle «top-down» versus auto-organisation

Principe de gestion *«Alpha»*:

Contrôle au travers des chefs. L'information remonte, les ordres redescendent. La prise de décision est «top-down». Utilisation de normes ou règles pour organiser ou canaliser le travail.

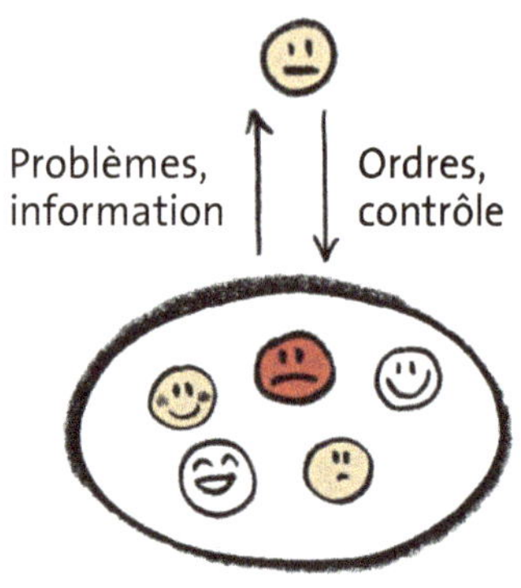

Contour: règles,
responsabilités,
descriptions de poste

Principe de gestion *«Bêta»*:

Autorégulation au sein de l'équipe. Contrôle par la pression des pairs, du groupe et de la transparence. Principes et responsabilités partagés.

Transparence radicale,
densité sociale,
Pression du groupe

Contour: valeurs, principes,
rôles, objectifs partagés

{ L'auto-organisation n'est pas le terme «correct», il serait plus adapté de parler de «socially dense market organization». }

Faire usage de la pression sociale

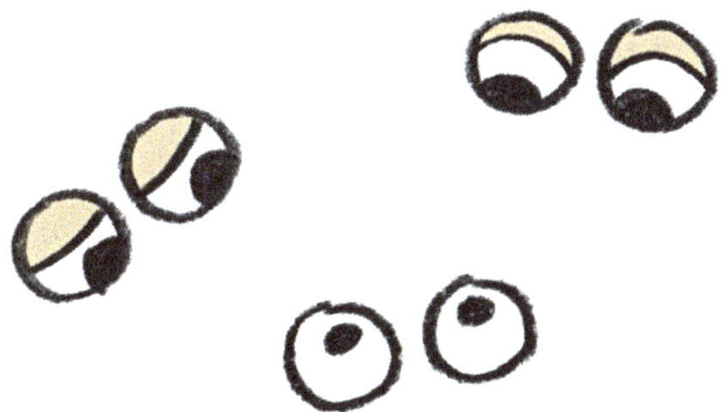

C'est ainsi que la «pression sociale» ou la «pression de groupe» est produite:

1. Laisser les gens s'identifier à un petit groupe
2. Leur donner une responsabilité partagée sur des objectifs partagés
3. Rendre l'information ouverte et transparente pour l'équipe
4. Rendre les indicateurs de performance comparables entre équipes

{ Pression sociale: utilisée correctement, beaucoup plus puissante que la hiérarchie, sans effets secondaires néfastes. }

L'auto-organisation doit être basée sur les équipes

En réalité, l'organisation de la complexité et l'auto-organisation traite toujours de la responsabilisation des équipes...

... pas de la responsabilisation des individus.

{ Les mouvements de responsabilisation des années 90 ne prirent pas en compte ces aspects. }

Un paradoxe apparent: renoncer au pouvoir et décentraliser la prise de décisions augmente le statut

Rendement bas ou moyen

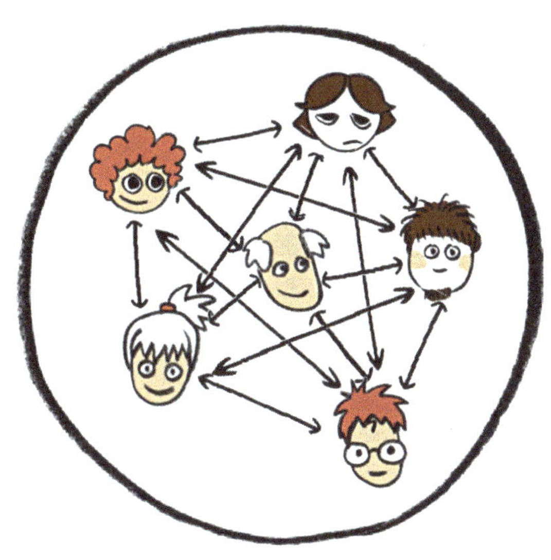

Rendement élevé ou supérieur

Communication entre équipes

Principe d'organisation *«Alpha»*:

Coordination / communication au travers du manager, associées habituellement avec la division fonctionnelle; taylorisme.
Suffisant dans un marché morose, simple et prévisible.

Principe d'organisation *«Bêta»*:

Coordination/communication, non pas via le manager, mais transversalement, combinées à des mécanismes dynamiques.
Ceci est supérieur dans les marchés complexes.

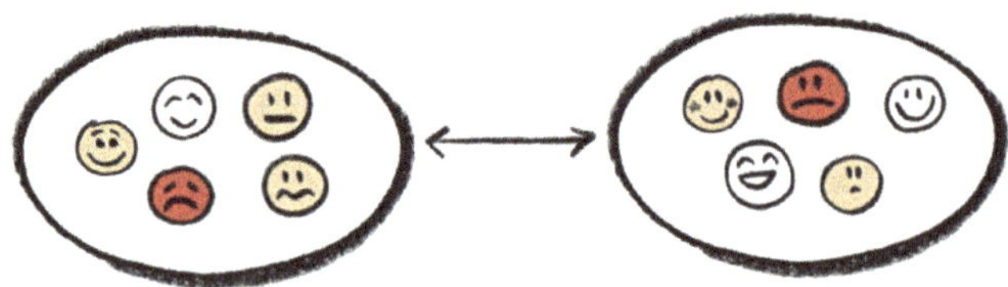

{ La coordination centralisée est un luxe que les organisations ne peuvent plus se permettre dans les marchés complexes. }

La différence entre un «département» et une «cellule»

Principe d'organisation «*Alpha*»:

Un département implique la différentiation fonctionnelle et ainsi un regroupement entre spécialistes fonctionnels – marketeurs avec marketeurs, commerciaux avec commerciaux. Ils doivent tous être coordonnés horizontalement. Les processus d' affaires traversent différents départements. Résultat: les groupes de personnes œuvrent en parallèle, pas en équipes.

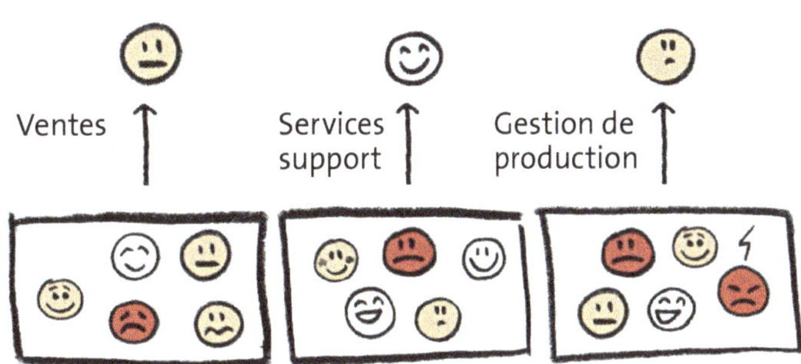

Principe d'organisation «*Bêta*»:

Une cellule implique une intégration fonctionnelle ou des équipes multifonctionnelles. La coordination se produit transversalement, entre pairs. Les processus d'affaires circulent à l'intérieur des équipes. Résultat: Les équipes de personnes travaillent donc avec et pour les autres.

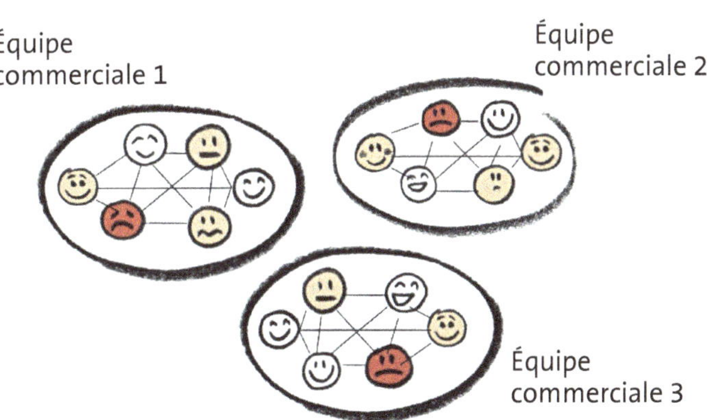

{ Les marchés complexes requièrent de la décentralisation combinée à une coordination autour d'un marché. }

Partie

Organisations comme systèmes: comment s'organiser pour la complexité

(Comment toute organisation peut devenir «apte à la dynamique»)

La pensée dominante s'est convertie en problème: imaginer les organisations comme des pyramides est une métaphore erronée

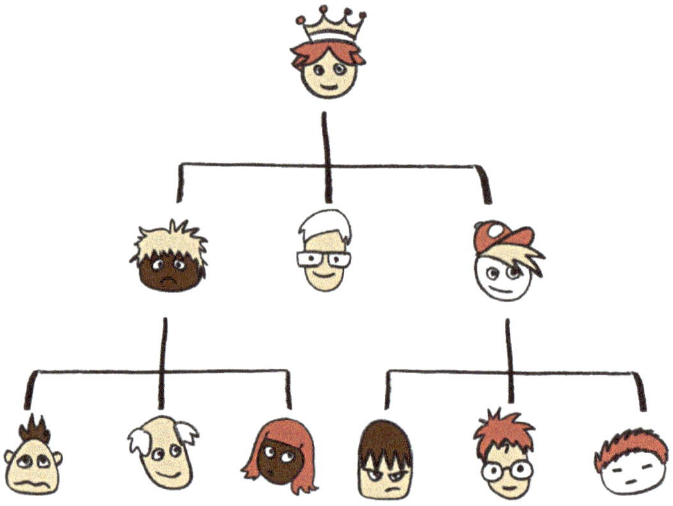

Principe d'organisation *«Alpha»*:

L'organisation est une hiérarchie bureaucratique, dirigée par des managers qui sont toujours en contrôle. Les managers commandant/contrôlant une pyramide de «suiveurs» depuis le haut n'est pas une forme intelligente d'organisation. Le problème se situe dans les «boites» de l'organigramme et dans les lignes d'autorité. Intuitivement, de par notre expérience pratique, beaucoup d'entre nous ressentons que cela ne peut fonctionner réellement.

Pourtant, depuis le développement de la théorie du management il y a un siècle, cela reste la pensée dominante dans les entreprises. Quand nous parlons de «management», nous nous référons habituellement aux techniques, outils et modèles qui visent à améliorer, optimiser ou régir les organisations de type pyramides de commandement-et-contrôle.

Une meilleure métaphore: l'organisation en réseau multicouches

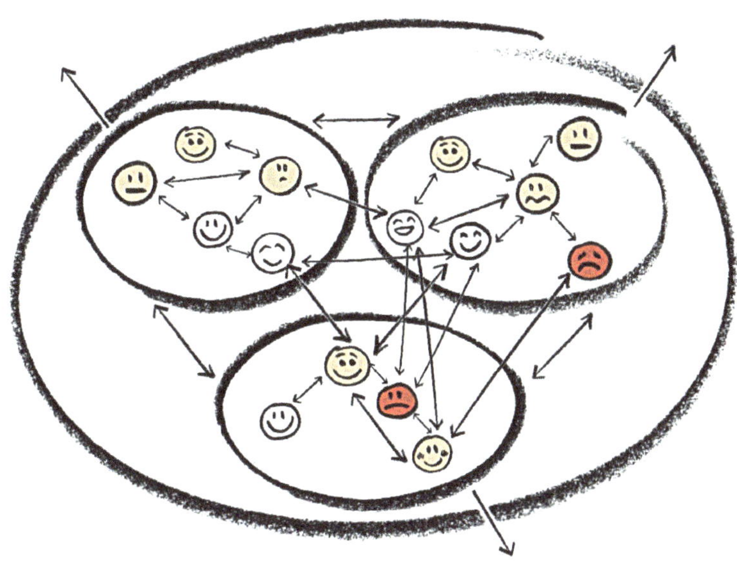

Principe d'organisation «*Bêta*»:

L'organisation comme un réseau interconnecté, un réseau vivant, dirigé par les forces du marché. Personne n'est aux commandes. Tout le monde en assume une partie.

Une forme plus intelligente et utile d'observer les organisations est de les imaginer en réseau. Non seulement ce concept est plus en ligne avec un mode de pensée contemporain que le dogme «pyramide», mais cela se rapproche plus de la réalité, sur divers aspects. Parce que les organisations sont en réalité:

- des réseaux d'individus (à travers d'une structure informelle) et
- des réseaux d'équipes créant de la valeur (au travers d'une structure de création de valeur)

Regardons de plus près ces concepts.

> { Votre organisation est déjà en réseau. Ce dernier n'est tout simplement pas autorisé à fonctionner officiellement comme tel. }

Le travail est connecté en réseau: la structure informelle de l'organisation est basée sur les relations individuelles

Les structures informelles émergent de l'interaction humaine. Dans tout groupe social. Pendant une crise, particulièrement, les réseaux informels et non-officiels prennent les dessus. Les raccourcis informels démontrant leur supériorité comparés aux processus officiels prédéfinis et sans valeur.

Une structure informelle en elle-même n'est ni bonne ni mauvaise. Elle existe tout simplement. La majorité des phénomènes sociaux résulte de structures informelles: ragots, réseaux, socialisation, politique, groupes de pensée, conspirations, factions, coalitions et clans, résistance au changement, réponse à une crise, pression des pairs, solidarité, harcèlement, etc.

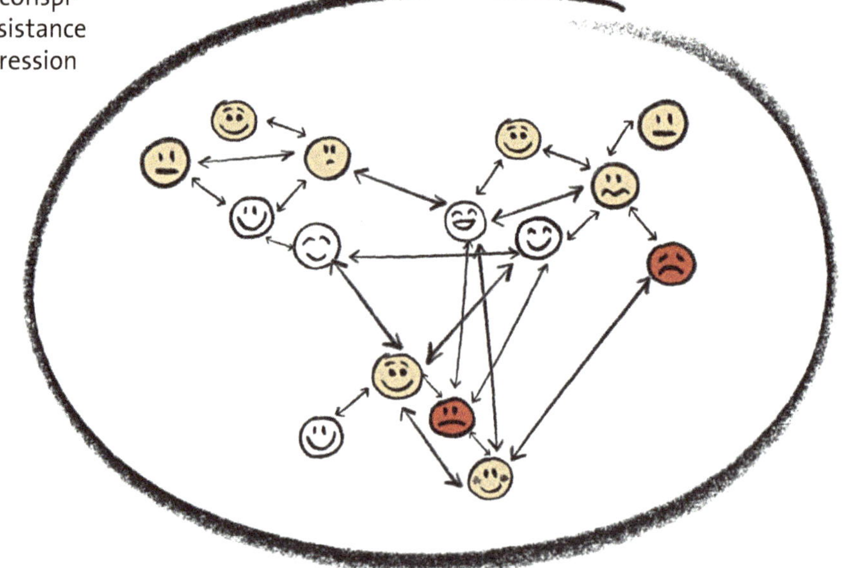

{ Le fait est: les structures informelles sont puissantes. Toutes les organisations en possèdent. }

Le travail est connecté en réseau: la structure de création de valeur de l'organisation est basée sur l'interaction des équipes

Dans une organisation, le flux de création de valeur va de l'intérieur vers l'extérieur. La création de valeur n'est jamais le résultat d'une action individuelle mais plutôt d'interactions: c'est un processus basé sur les équipes travaillant en interaction, «avec-l'autre-et-pour-les-autres».

Toute organisation, fusse-t-elle la plus inefficace et la plus bureaucratique, possède une structure de création de valeur. Elle peut être cachée ou inconnue cependant. Le langage la décrivant peut même être inexistant.

{ Dans une organisation gérée hiérarchiquement, la structure de création de valeur est immobilisée. Comme un muscle engourdi par une injection anesthésique. }

Le travail est connecté en réseau: juxtaposons les structures informelles et de création de valeur

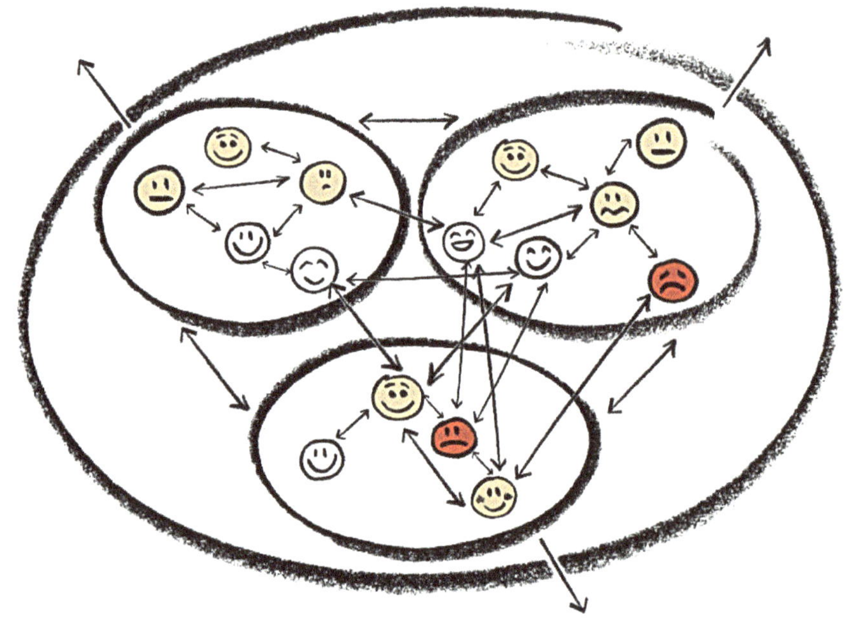

Si on considère les organisations comme des réseaux de création de valeur, nourries par des structures informelles, et non comme des pyramides commandement-et-contrôle, on arrêtera de se préoccuper de la hiérarchie formelle (qui en réalité est «triviale», du point de vue de la pensée complexe).

À sa place, on se concentrera sur les flux de création de valeur et on soutiendra les mécanismes de pression des pairs et l'émergence de réseaux. La robustesse organisationnelle provient de la qualité et la quantité des interconnections entre les personnes et les équipes – non des règles, des chefs ou des normes.

{ Les structures informelles et de création de valeur constituent les coulisses de toute organisation. }

Afin d'avoir une meilleure compréhension de la création de valeur, il est utile de comprendre la distinction entre centre et périphérie

Grâce à la distinction entre centre et périphérie, des problèmes de dynamique deviennent observables mais resteraient invisibles (et donc insolubles) si l'on utilisait des distinctions courantes telles que la structure fonctionnelle et la structure divisionnaire, l'organisation par ligne et l'organisation par processus, la structure stratégique et la structure opérationnelle.

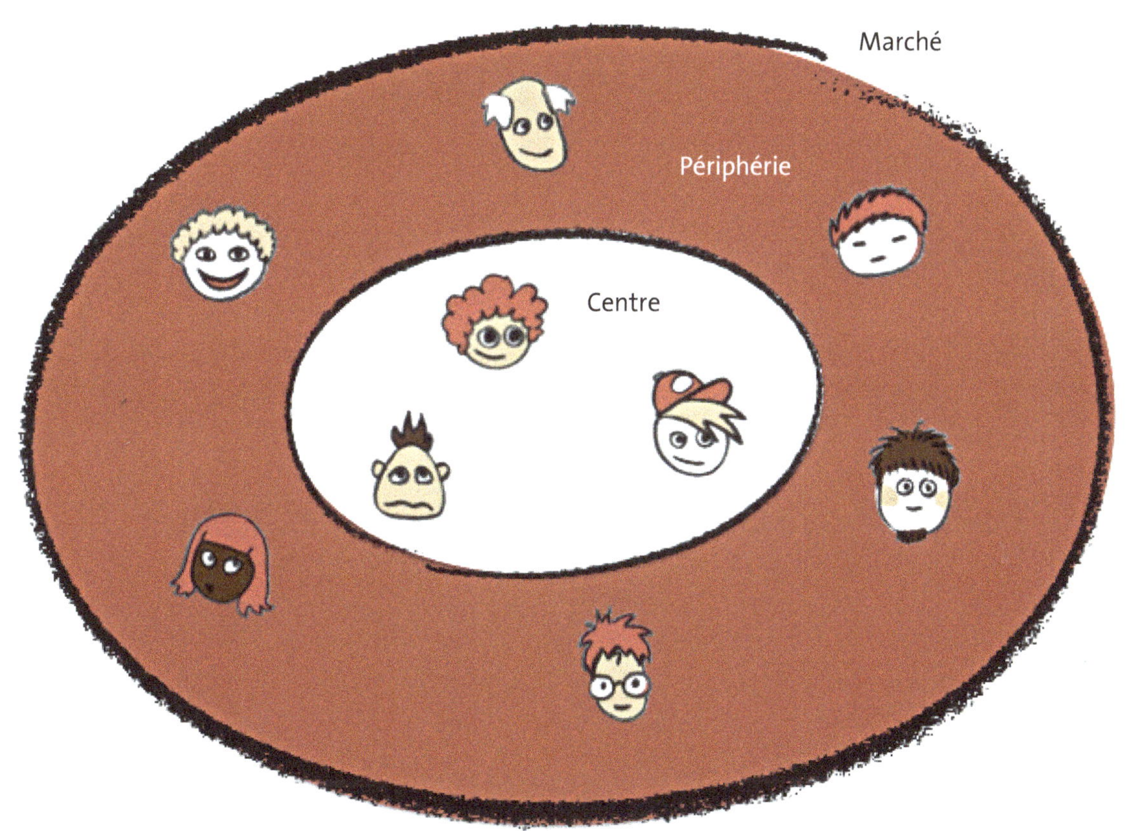

La périphérie: la seule partie de l'organisation en contact avec le marché

Nous appelons périphérie tous les rôles qui traitent les exigences du marché externe de manière à créer de la valeur.

{ La périphérie est la seule partie d'une organisation en contact avec le marché. Grâce à cette interaction, la périphérie est capable d'apprendre du marché. }

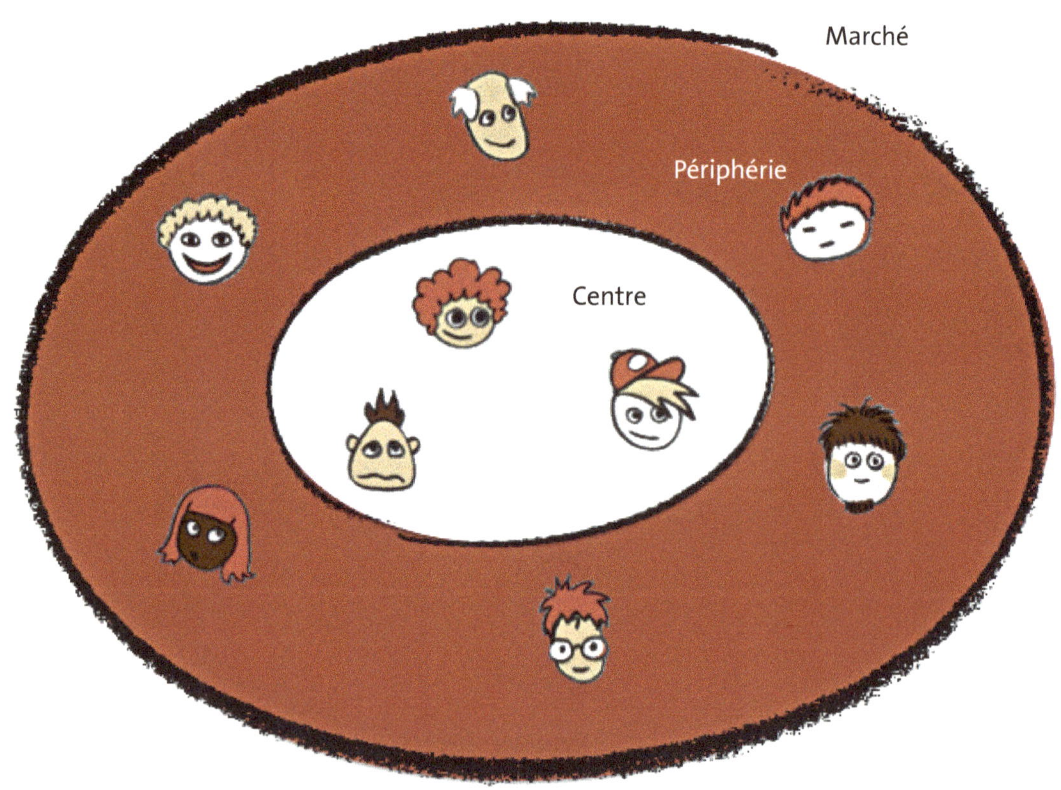

Le centre: pas de contact direct avec le marché

La périphérie isole le centre du marché. Mais attention: Un conseil d'administration et un siège social ne sont pas synonymes de centre. Les travailleurs des usines, les employés des succursales ou des bureaux ne doivent pas être assimilés à la périphérie. Cette distinction porte sur les rôles ou les activités, et non sur les personnes, les lieux ou les emplacements individuels.

L'innovation est toujours réalisée par le centre. Car l'innovation n'est pas (encore) une création de valeur immédiate pour le client. Les personnes qui s'occupent de l'innovation dans une organisation jouent donc toujours un rôle de centre. Ils mettent un chapeau central, pour ainsi dire.

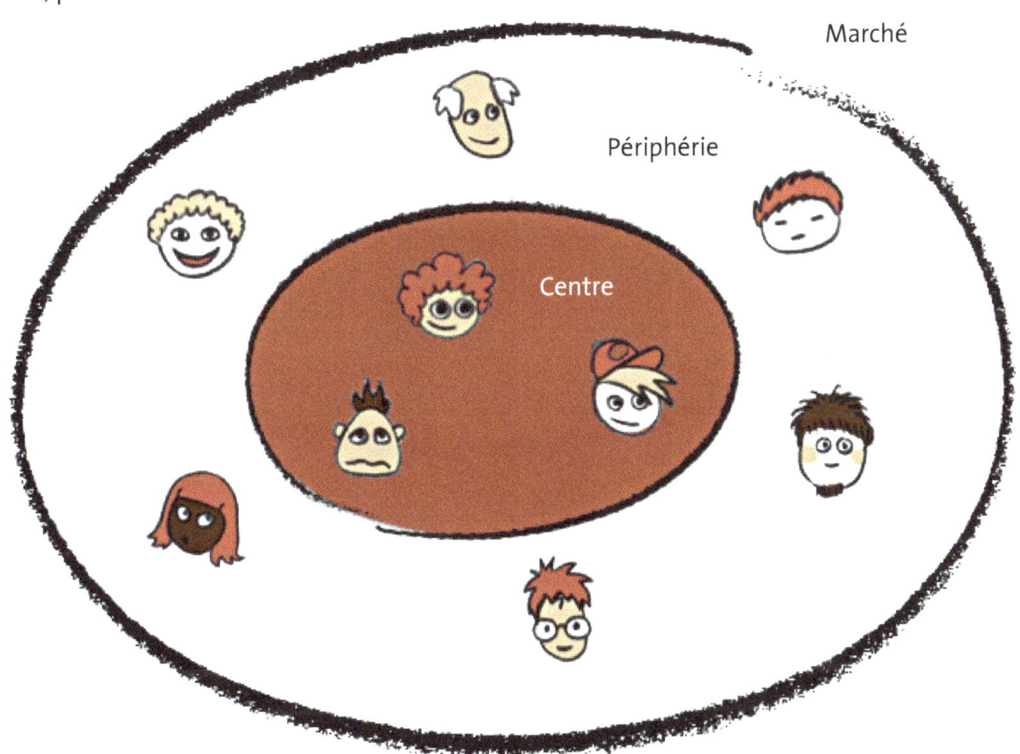

Prise de décision centralisée (commandement-et-contrôle) dans un système

Principe d'organisation *«Alpha»*: prise de décisions centralisée, commandement-et-contrôle.

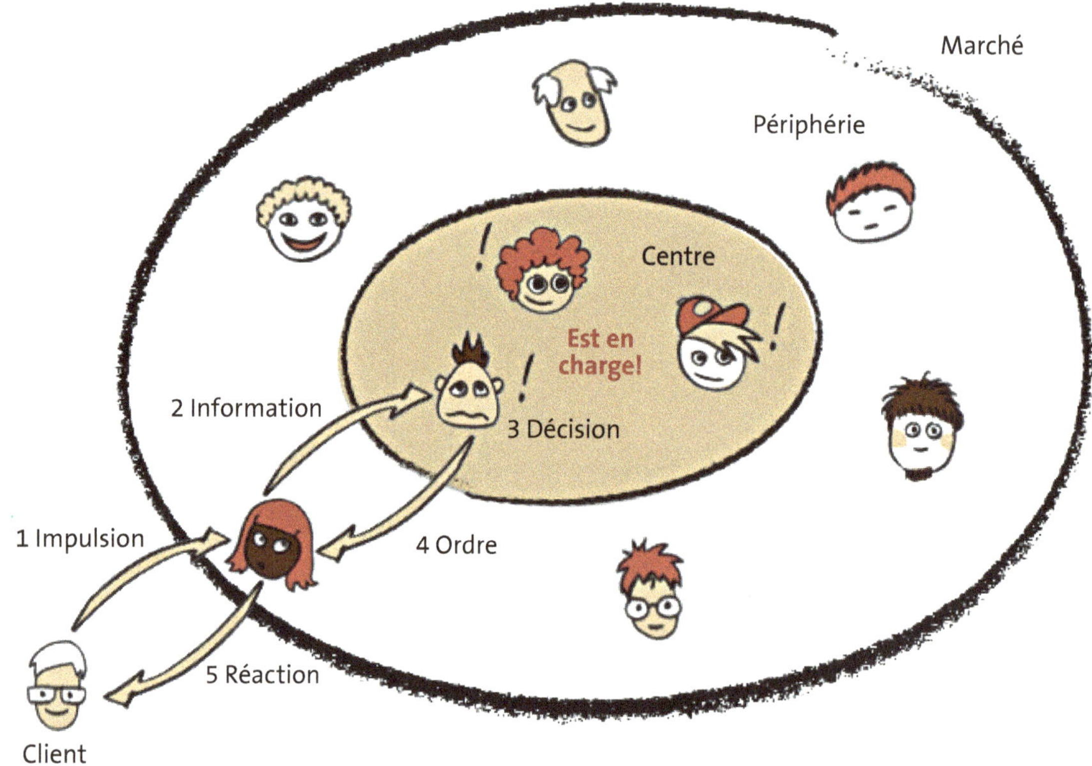

Dans les marchés simples et lents, la prise de décision centralisée est efficace, comme le montre le schéma. Le centre résout les problèmes, donne des ordres et la périphérie les exécute. Le contrôle centralisé est possible. Les standards opérationnels fonctionnent. Dans les marchés dynamiques, par contre, tout système basé sur la centralisation des décisions s'effondre par lui-même. De tels systèmes deviennent stupides et engourdis.

Résoudre le dilemme de la complexité grâce à décentralisation

Principe d'organisation *«Bêta»*: prise de décisions décentralisée, impulsion-réponse.

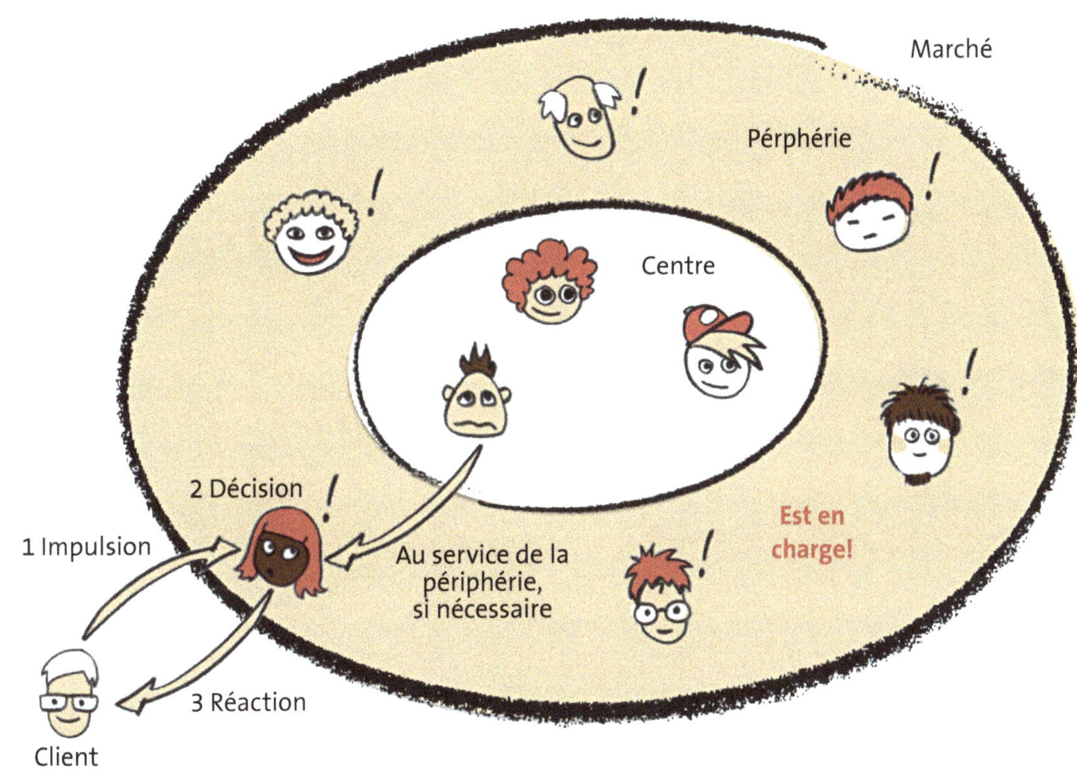

Dans les marchés dynamiques, le dilemme du contrôle est résolu par la décentralisation conséquente, ou délégation de la prise de décisions, qui devient beaucoup plus efficace: les décisions sont prises là où l'interaction avec le marché, et l'apprentissage résultant – a lieu. Les fonctions de centre et périphérie changent drastiquement, comparées à Alpha.

Quelques mots sur la culture: Pourquoi la culture est-elle comme une ombre

La culture n'est pas un facteur de succès, mais un effet de succès ou d'échec. C'est une image des circonstances dans une organisation, pas leur cause. C'est pourquoi elle ne peut pas non plus être influencée directement. La culture est comme une ombre.

La culture est observable mais non contrôlable. Le développement d'une culture n'est ni difficile ni problématique – il se produit tout le temps. Spontanément. Mais les projets de développement culturel ne peuvent qu'échouer. Exiger une certaine culture – par exemple plus innovante – peut être courant, mais restera toujours ridicule et restera un attrait vide: une entreprise ne peut pas choisir sa culture, elle a exactement la culture qu'elle mérite.

La culture est comme la mémoire fébrile d'une organisation. Cela facilite ou prévient les comportements déviants. Cela ne se normalise pas – personne ne doit y obéir! Mais cela confère à nos façons de faire un «style» commun sur lequel tous peuvent compter. La culture agit donc comme un mécanisme de simplification et est de nature conservatrice.

D'autre part, la culture organisationnelle traite également les contradictions découlant des dynamiques et des changements externes. Comme un souvenir, elle assimile tout ce qui se passe. Ce qu'elle oublie, ou pas, est encore incontrôlable. La culture, en ce sens, est autonome.

{ La culture n'est ni un obstacle au changement, ni n'encourage le changement. Elle peut fournir des indications sur ce qu'une organisation doit apprendre. }

Changer une culture est impossible mais son observation a une grande valeur

Les grandes entreprises essaient souvent de travailler sur leur culture et leurs valeurs. Si cela apporte quelque chose, ces activités peuvent seulement avoir un impact sur le comportement. Cependant, les valeurs – un autre mécanisme de la mémoire organisationnelle – ne suivent pas les considérations rationnelles et ne sont donc pas affectées par les tentatives de les contrôler. Elles peuvent même en être affectées négativement, car un tel activisme engendre souvent de l'hypocrisie.

L'observation de la culture est un outil essentiel pour le changement et le développement organisationnel. La culture est un détecteur imbattable pour évaluer l'efficacité des efforts de changement. Les sondages ou diagnostics auprès des employés, en revanche, sont inutiles pour l'observation culturelle (et en général), car elles ne peuvent capter que des opinions individuelles. Les comportements et autres phénomènes invisibles, tels que les valeurs et les structures informelles ou les jeux de coulisses d'une organisation, restent cachés à ce type de méthode.

Les parties visibles de la culture, ses symptômes, ne deviennent observables que dans la pratique: comportements et communications. À travers les congés de maladie, dans la conception des espaces de bureaux et des lieux de travail, dans le nombre de courriels et de copies sécurisées, dans les taux d'erreur et les plaintes des clients, dans la conception et l'utilisation de supports et d'outils de communication, d'indicateurs et de rapports. Les entretiens/entrevues et, en particulier, les entretiens méthodiques à la chaîne sont un autre outil éprouvé d'observation culturelle qui peut être appliqué par un agent de changement externe.

{ La culture nous permet d'observer indirectement la qualité des efforts de changement: le changement se répercute dans la culture. }

Déléguer ou décentraliser?

La décentralisation va plus loin que la délégation. Tandis que la délégation se produit à un niveau individuel, lorsqu'un supérieur décide de transférer un pouvoir, une responsabilité ou une tâche à un subordonné, la décentralisation se produit lorsqu'un conseil d'administration (ou l'équivalent) décide, en tant que politique, de transférer le pouvoir aux éléments périphériques d'une organisation.

En définitive, la décentralisation s'accompagne de changements structurels qui confèrent un plus grand degré d'autonomie (en grec: auto-gouvernance), principalement par le biais d'une intégration fonctionnelle au sein des équipes.

La décentralisation implique généralement aussi des activités de décentralisation, afin de donner aux équipes une plus grande autonomie. Mais cela ne signifie pas que toutes les activités doivent être décentralisées. Les activités peuvent être centralisées ou décentralisées. L'important est de savoir comment les équipes qui interagissent sont connectées.

{ La décentralisation est plus permanente que la délégation. Elle est fondée sur des principes; elle doit être intégrée à la structure et à la création de valeur. }

Partie

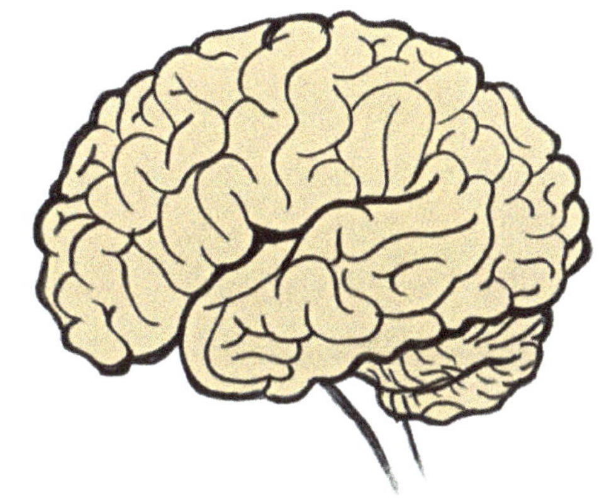

5

Des réseaux dynamiques et robustes pour tous! C’est comme ça qu’on s’en tire!

(Comment ancrer l’état d’esprit «Bêta» au sein de la structure organisationnelle)

Construire une organisation comme un réseau décentralisé

Pour transformer son organisation en une structure de cellules décentralisées, comme un réseau, il faut comprendre les éléments ou blocs de construction d'une telle organisation.
Quatre éléments sont nécessaires:

- une limite organisationnelle, ou Sphère d'Activité qui circonscrit les actions
- des cellules de réseau (avec une distinction entre les cellules centrales et périphériques)
- des liaisons entre les cellules du réseau, et finalement
- la traction du marché – par les connexions avec le marché externe

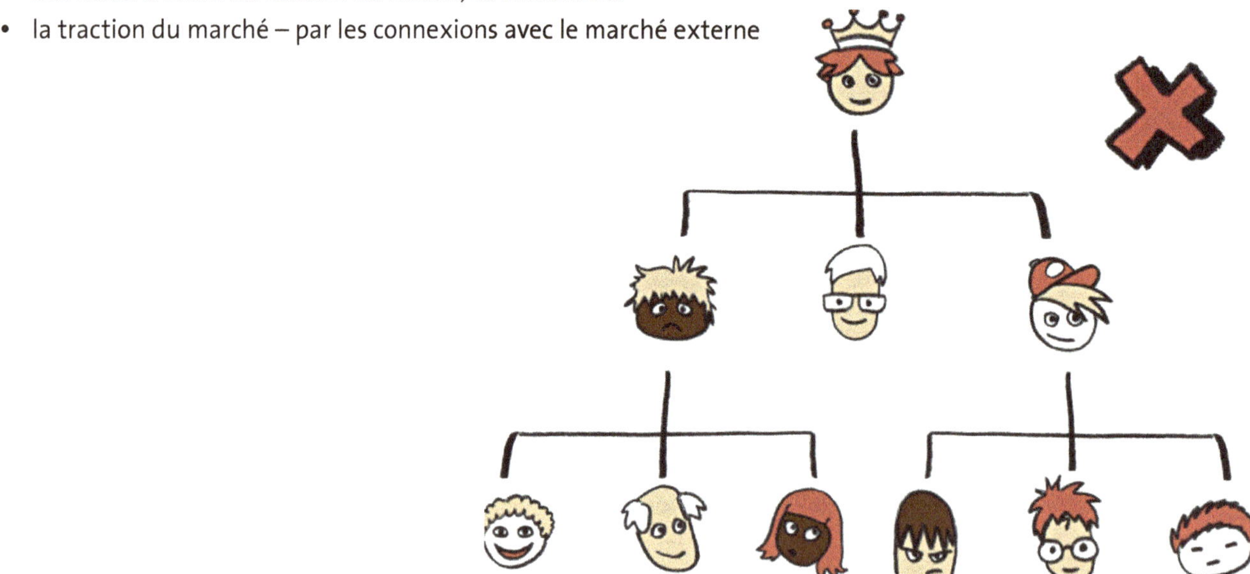

{ Pas de structures en ligne. Pas de fonctions. Pas de départements. Pas de services partagés. Pas de personnel centralisé. Il s'agit d'une forme différente et beaucoup plus efficace de définir la structure pour des environnements complexes. }

Identité et Sphère d'Activité: La différence entre l'intérieur et l'extérieur

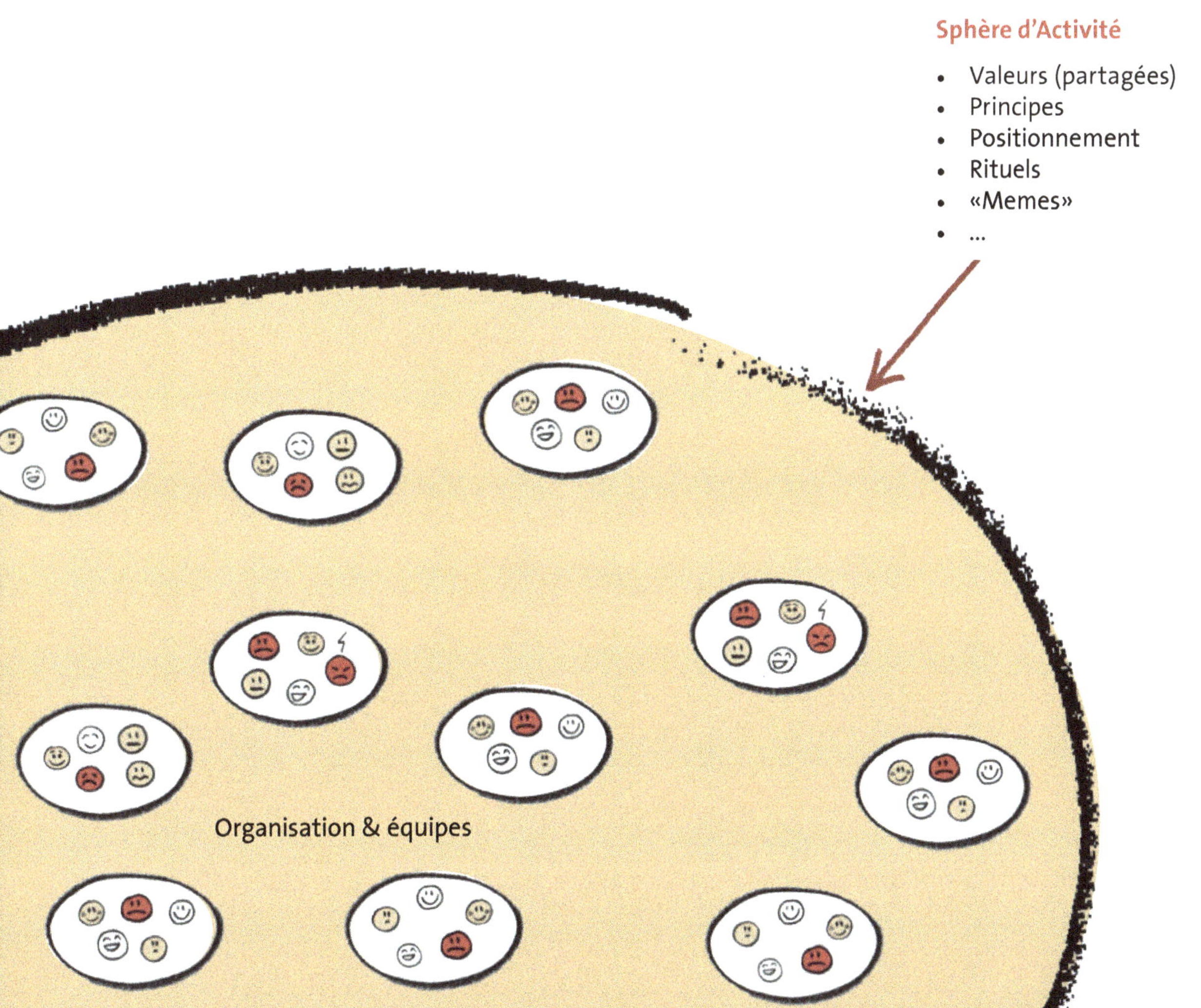

La sphère d'activité

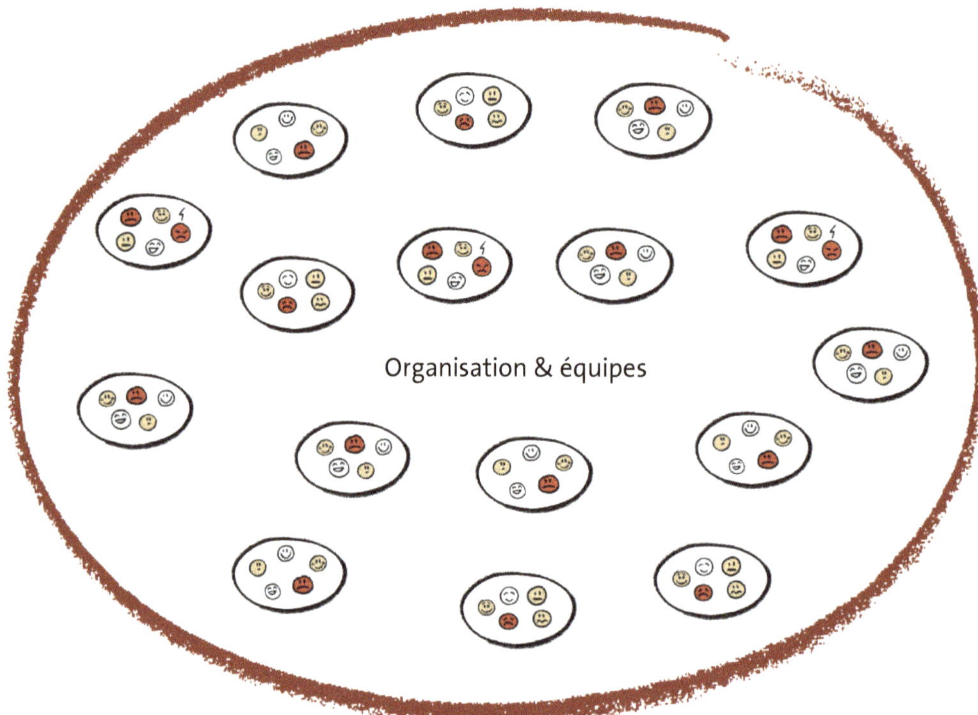

L'auto-organisation requiert que le système soit entouré d'une limite de contention. **Cette condition définit le «nous» qui se développera durant le processus d'auto-organisation.** La limite de contention a pour fonction de canaliser l'auto-organisation vers la création de valeur.

Les éléments de la sphère doivent être couchés par écrit, par exemple au travers d'une «lettre à nous-mêmes», un «manifeste» ou un «livre de culture».

Le marché et ses composantes

Marché

- Clients
- Propriétaires
- Banques
- Société civile
- Fournisseurs
- Compétiteurs
- Syndicats
- Institutions de recherche
- ...

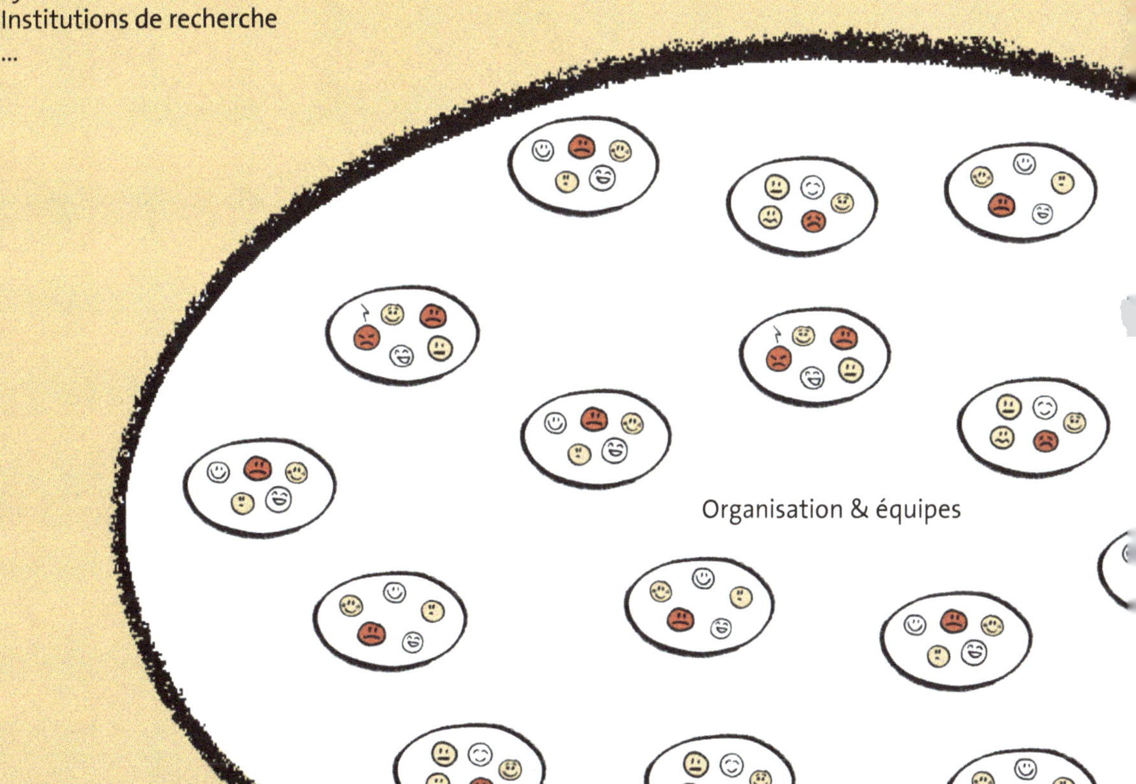

La création de valeur coule de l'intérieur vers l'extérieur. L'attraction du marché marque la direction

Une structure cellulaire gagne en stabilité et résilience, non pas au travers des relations hiérarchiques de pouvoir ou au travers de la «résistance à la pression», mais au travers de «l'attraction» qui provient du marché externe et des relations humaines complexes qui la nourrissent à l'interne. La dynamique du marché marque la direction.

Cela paraît simple? Ça l'est.

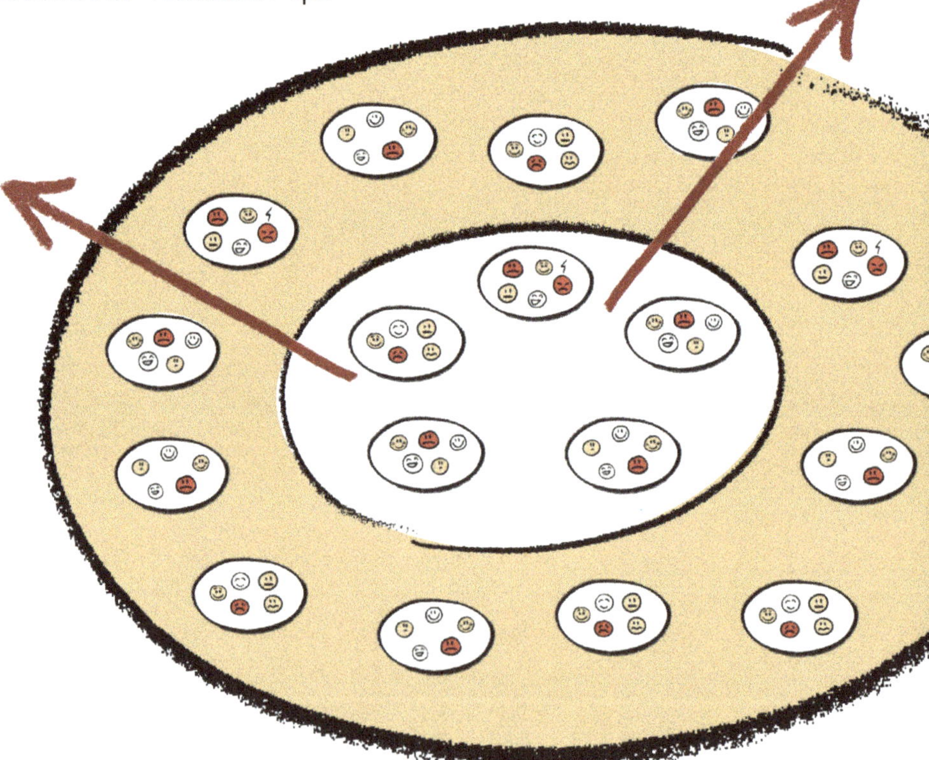

{ Les organisations ont laissé les marchés décider de la direction il y a longtemps. }

Des équipes individuelles aux réseaux de création de valeur

{ Nous nommerons les liens entre réseaux des chaînes cellulaires. }

{ Nous nommerons les liens entre les cellules périphériques et le marché: l'attraction du marché. }

Grâce à l'attraction et aux ficelles du marché, une tension est appliquée au sein de l'organisation et entre les cellules.

Seules les cellules périphériques ont des liens directs avec le marché et peuvent donc fournir de la valeur à l'extérieur.

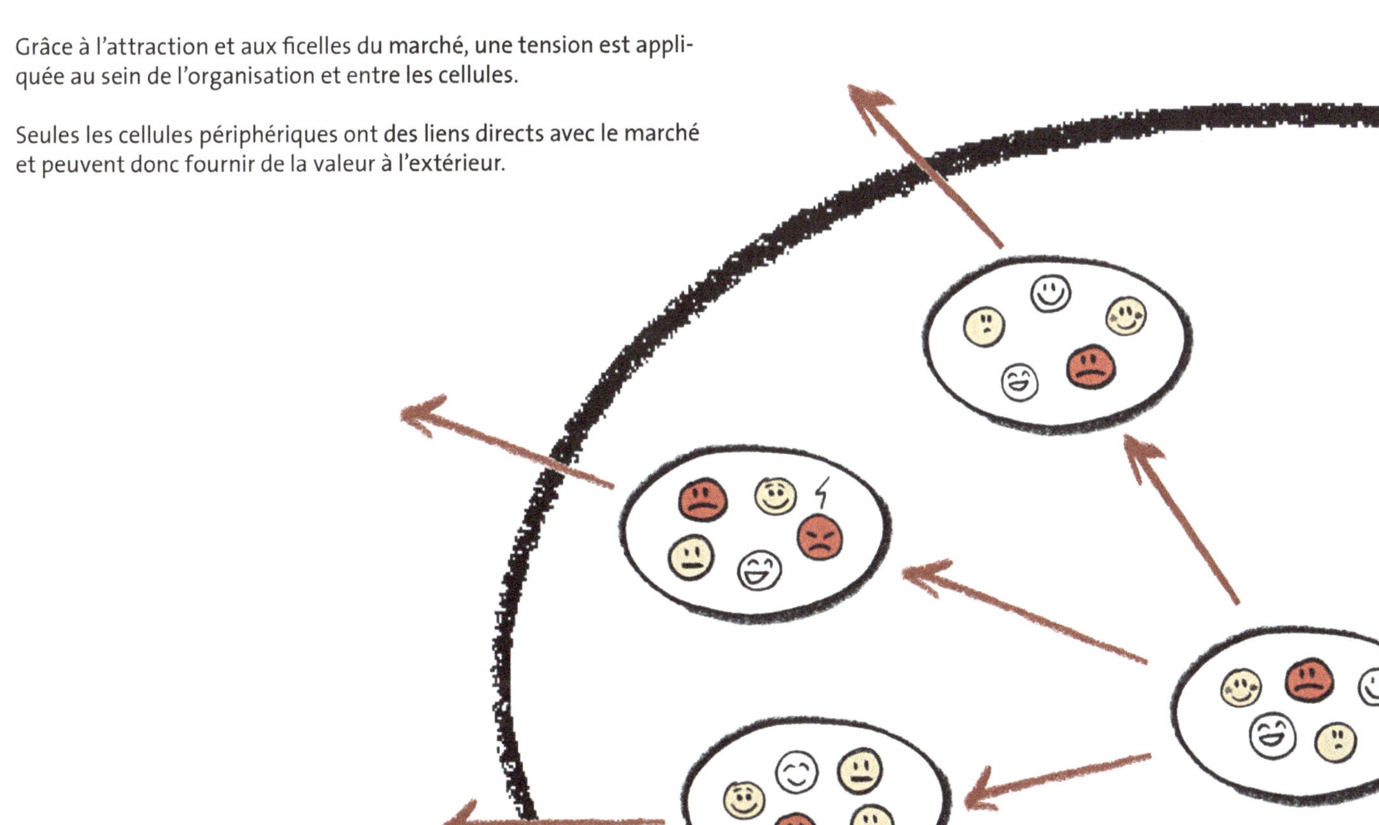

Le phénomène de «l'attraction du marché»

L'attraction du marché est ce qui relie le marché à l'organisation. Chaque fois qu'une partie prenante externe d'une organisation «veut», «exige», «commande» ou fait quelque chose de pertinent pour l'organisation, cela déclenche l'attraction du marché.

L'attraction du marché peut être provoquée par des clients qui veulent quelque chose, des actionnaires qui demandent une compensation pour leur investissement, une banque exigeant le remboursement d'un prêt, l'État exigeant le paiement d'impôts ou un concurrent qui lance un nouveau produit. **L'attraction du marché a donc des sources variées.**

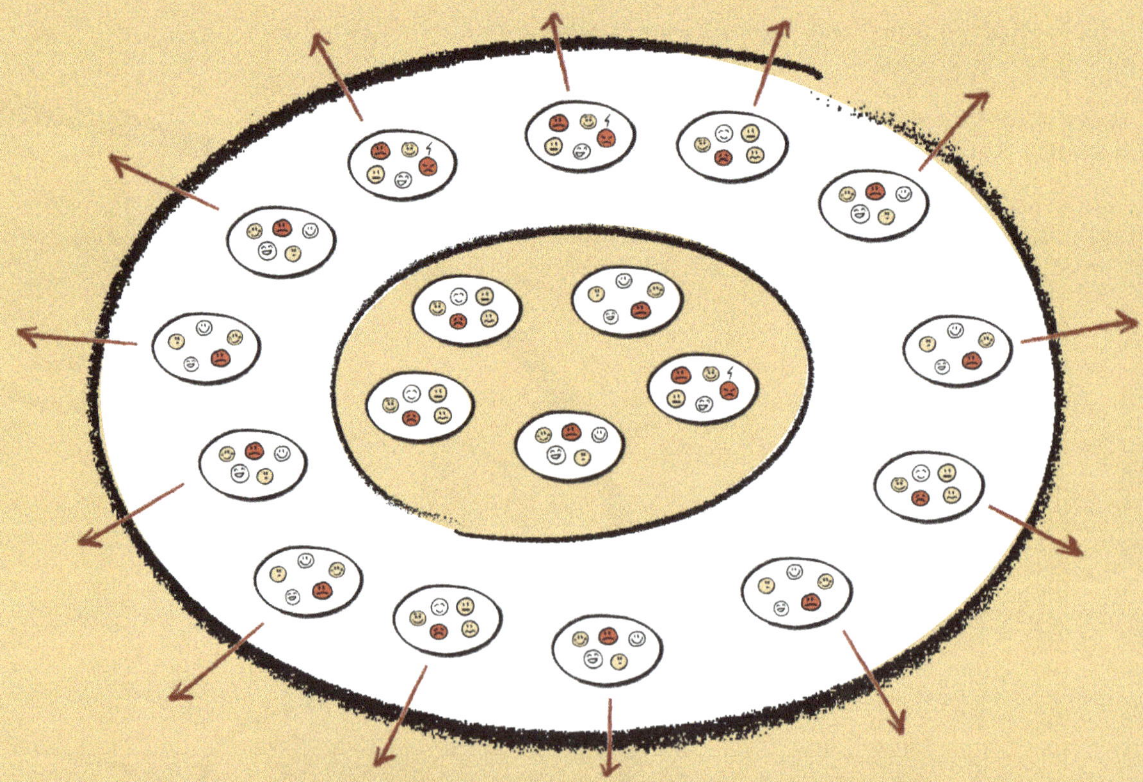

Définir votre organisation comme un réseau de flux de valeur. 1ère étape: commencer de l'extérieur vers l'intérieur

Partir du marché vers l'intérieur, et donc penser d'abord aux cellules périphériques.

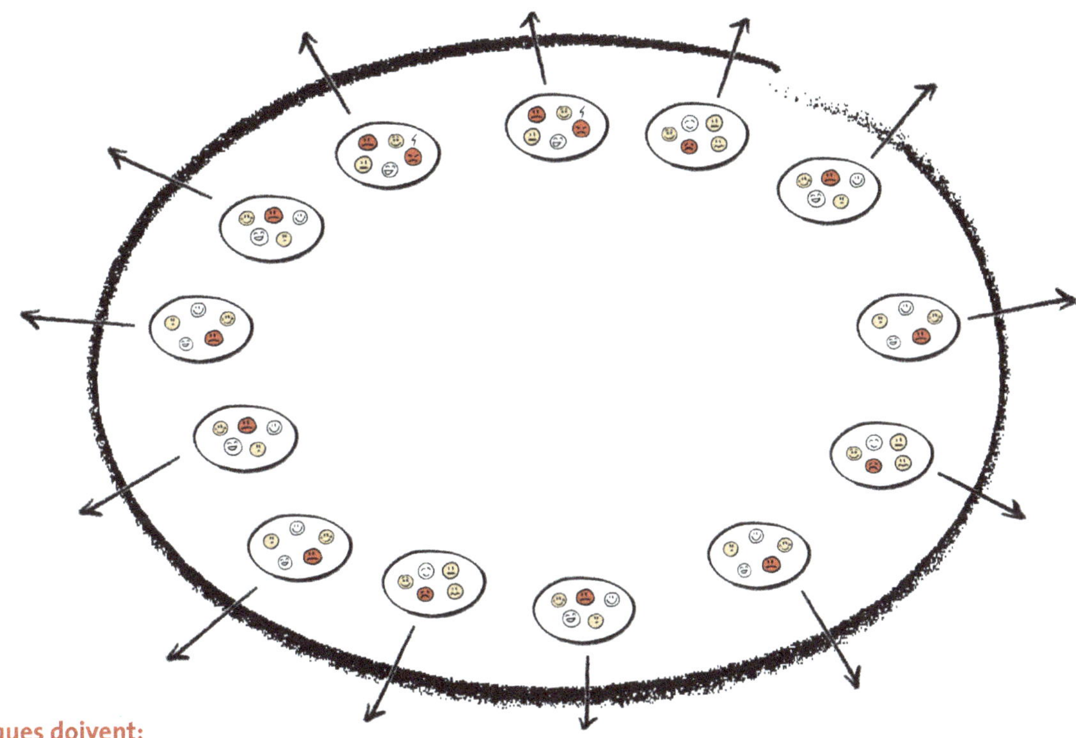

Les cellules périphériques doivent:

- être aussi autonomes que possible dans la prise de décisions en fonctionnant comme une mini-entreprise, responsable de l'intégralité de leurs affaires
- contenir au moins 3 membres par équipe, avec des capacités multifonctionnelles
- pouvoir mesurer leurs propres résultats

2e étape: définir les cellules centrales comme des unités de service sans pouvoir décisionnel sur la périphérie

La fonction des cellules centrales est de fournir la valeur que ne peuvent créer par elles-mêmes les cellules périphériques.

Leur rôle est de servir, pas de gouverner la périphérie. Elles ne contrôlent pas. Idéalement, ces équipes vendent leurs services à des cellules périphériques à travers des transactions, sur un marché intérieur. La définition et le prix de ces services sont nécessaires mais la quantité des «achats» ne doit pas être déterminée ou fixée d'avance. Des exemples de réalisation existent dans les entreprises de type Handelsbanken, dm-drogerie markt, Morning Star.

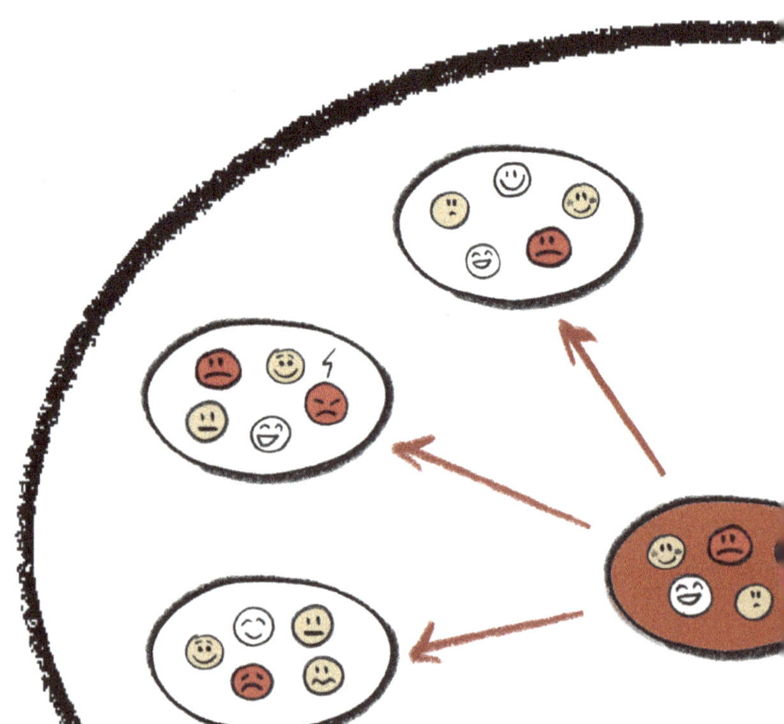

Le rôle des cellules de réseau centrales

Les services centraux peuvent inclure:

- les ressources humaines
- les finances
- l'informatique et les systèmes
- le juridique
- les autres centres d'expertise
- les communautés de pratique
- ...

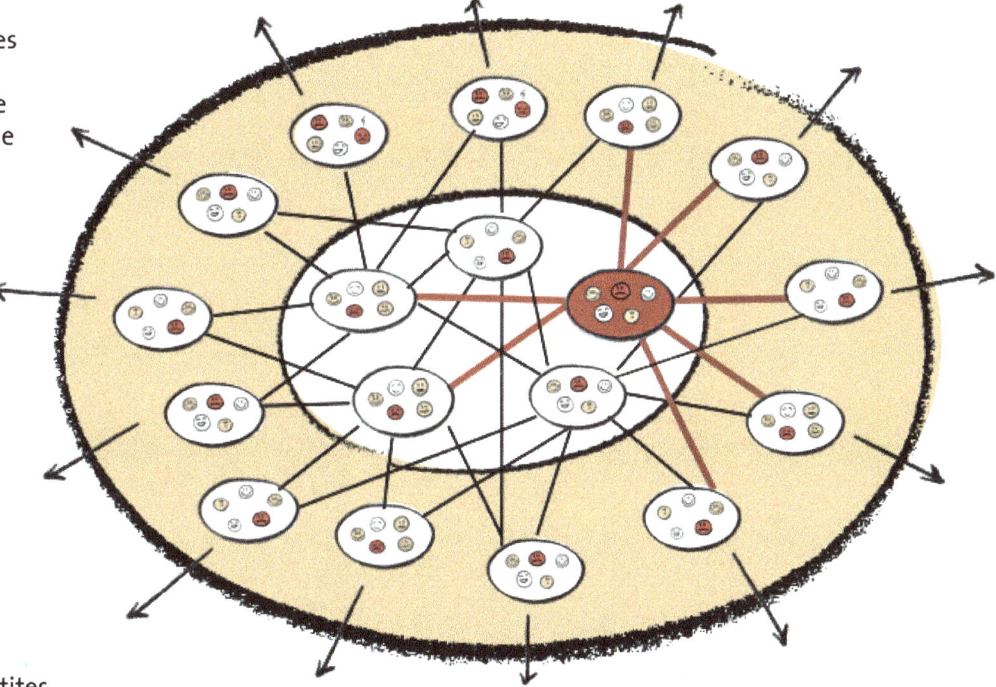

Dans des organisations plus petites,
nous pourrions considérer des «magasins» centraux.

Un modèle avec deux «boutiques» peut ressembler à ceci:

- «Org Shop» – une équipe fournissant des services organisationnels, RH, juridique, etc.
- «Info Shop» – une équipe fournissant des services relatifs à l'information et support technique, finances, etc.

3ème étape: Répéter. Impliquer le plus de personnes possible dans le processus de définition du réseau

Les personnes impliquées dans le processus de décision concernant changements à apporter sont transformées par ce processus. Celles qui ne sont pas impliquées ne sont pas transformées et ne le seront peut-être jamais.

En général, il faudra passer par plusieurs itérations avant d'arriver à la structure de valeur qui, non seulement sera plus efficace que la précédente structure formelle, mais également la plus décentralisée possible, élastique et pérenne. Souvent, l'organisation réalisera des ajustements après l'apprentissage initial avec la nouvelle structure.

> Généralement, plus les membres de l'organisation sont impliqués dans le processus de conception, meilleur est le résultat.

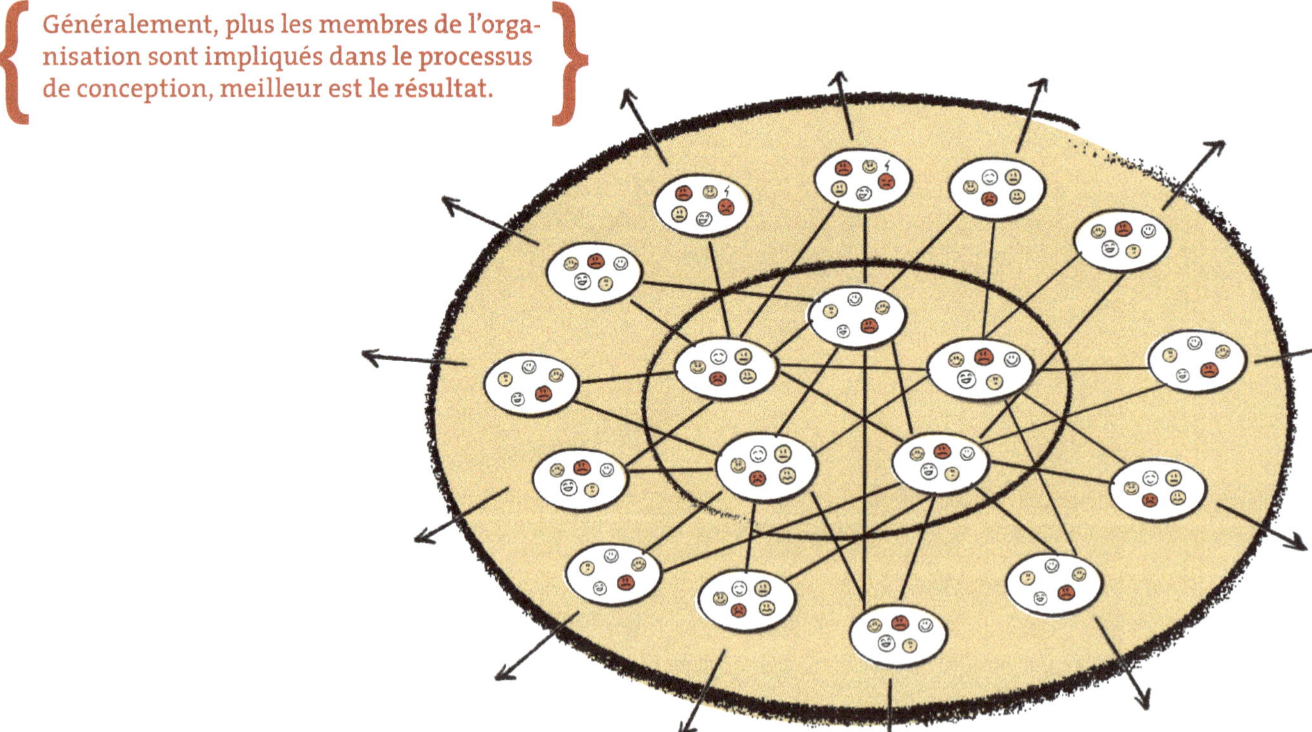

Cultivons les principes, pas les règles

Quelques principes simples
> comportement complexe

DON'T DO EVIL.

(Ne fait pas le mal)

Beaucoup de règles compliquées
> comportement stupide

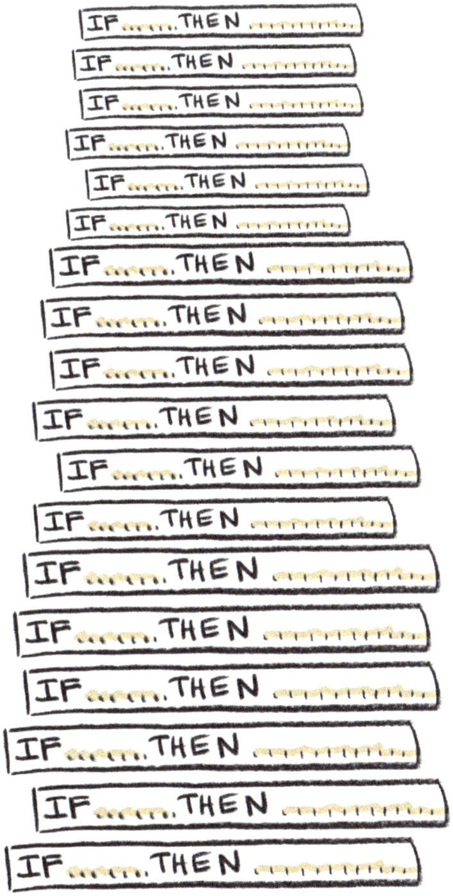

IF……THEN……
IF……THEN……
IF……THEN……
IF……THEN……
IF……THEN……
IF……THEN……
IF……THEN……
IF……THEN……
IF……THEN……
IF……THEN……
IF……THEN……
IF……THEN……
IF……THEN……
IF……THEN……
IF……THEN……
IF……THEN……
IF……THEN……
IF……THEN……

(Si… alors…)

Les individus et leurs «portefolios de rôles»: la norme dans les structures en réseau décentralisées

Dans une structure en réseau décentralisée, les «positions» cessent d'exister. La norme sont les «rôles». Les personnes ne sont généralement pas confinées uniquement dans une position ou rôle, mais elles interviennent dans plusieurs cellules, remplissant ainsi plusieurs rôles dans différentes parties de l'organisation. Par conséquent, tout le monde agit de manière «élastique» avec les rôles, en permanence.

Un exemple: une personne avec le titre officiel de «Directeur Financier» sur sa carte d'affaires, jouera un rôle dans la cellule centrale quand il rendra service aux autres équipes du réseau, mais il fera également partie d'une cellule périphérique quand il traitera avec une banque. La même personne peut également remplir des fonctions additionnelles à l'intérieur de l'organisation qui auront très peu ou rien à voir avec les finances.

{ Dans une structure cellulaire, les rôles peuvent changer fréquemment et le statut formel devient moins important. Les membres d'une organisation ne sont pas contraints à des descriptions de poste - ils construisent leurs propres portefolios de rôles individuels. }

Des rôles, pas des positions: plusieurs champs d'application, une vie professionnelle plus colorée. Apprentissage: activé

Partie

Leadership en complexité: ce qui en reste et ce qui est requis

(Recommandations pratiques pour un travail de leadership robuste a la complexité)

Leadership, pour mener et diriger des employés: si seulement c'était si facile!

Dans son livre «Change or Die», l'auteur économique Alan Deutschman s'appuie sur les connaissances scientifiques issues de diverses sphères de la vie pour illustrer ce qu'il faut faire pour inciter les gens à un changement personnel – et à ce qui ne fonctionne pas. Deutschman fait la distinction entre les «Trois F» et les «Trois R.»

Les «Trois F» – pratiqués, connus (et inappropriés):

Faits: «Les faits parlent logiquement pour eux-mêmes.»

Frayeur ou Frousse (Peur):
«La peur des conséquences fournit l'impulsion émotionnelle.»

Force: «La pression exercée par un pouvoir, un contrôle ou des incitations formelles est la clé du succès.»

L'application des «Trois F» entraîne insidieusement plusieurs conséquences directes: détresse, découragement, frustration. Une telle approche mécanistique du changement aboutit finalement à un contrôle et à un conditionnement du comportement; à réprimer les employés, mais pas à apprendre.

Les «Trois F» sont typiques du leadership hiérarchique, basé sur des relations de pouvoir formelles, ou commandement & contrôle (command & control). Ils sont également typiques des formes classiques de gestion du changement ou de formation professionnelle.

Les «Trois F» suivent une logique mécanistique de «Si… alors»: ils sont symptomatiques de la tentative d'aborder un problème complexe – l'apprentissage et le changement – avec des moyens compliqués. La notion de «leader héroïque en tant que modèle» est basée sur la même erreur.

{ Si les «Trois F» fonctionnaient, alors des cours et de la formation seraient la solution. }

Le leadership en tant que processus social: complexe mais au moins réel

Il existe une autre approche plus efficace du changement et du développement personnel.
Comment créer les conditions appropriées pour apprendre avec les «Trois R»:

Relation: Établissez une relation. Les gens veulent créer des liens,se connecter avec une personne ou un groupe, quelqu'un qui incarne le changement de manière positive ou qui y croit.

Répétition: Assurez la répétition. Sans cela, l'apprentissage n'est pas possible. Les nouveaux comportements et compétences doivent être sérieusement assimilés, mis en pratique avec discipline et approfondis dans des conditions réelles: la vraie vie.

Recadrement: Assurez la réinterprétation des défis actuels afin que de nouvelles façons de penser puissent émerger et s'affirmer. Une fois internalisées, de nouvelles actions congruentes sont possibles.

Le leadership au sens des «Trois R» agit en influençant les gens et leurs contextes, de manière systémique, en tenant compte à la fois de l'individualité humaine et de la structure de création de valeur. Seule la prise en compte de ce processus peut produire des résultats concrets.

Un leadership qui comprend et tient compte de la complexité a moins à voir avec la personnalité du leader individuel, mais davantage avec le leadership en tant que processus social. Les «Trois R» n'éliminent pas la responsabilité des «dirigeants». Cependant, ils rendent le travail de leadership beaucoup plus exigeant, car ils répondent au fait que l'apprentissage et le développement ne sont pas triviaux, mais plutôt complexes par nature.

{ On ne peut pas, en même temps, être un «leader» et exercer un pouvoir hiérarchique. Dans la complexité, le leadership en tant que processus social, en tant que caractéristique émergente du système, gagne en importance. }

Centrons le travail de leadership sur le système et non sur les personnes

L'auto-organisation dans les systèmes complexes est naturelle. Avoir un «leader» ne l'est pas. Les limites du contexte et des marchés externes indiquent la direction à prendre.

Les activités de «leadership» doivent centrer sur l'amélioration du système, en rendant le marché palpable et perceptible à l'intérieur de l'organisation à travers d'un dialogue transparent, et en favorisant l'auto-organisation et la pression sociale pour que cela fonctionne.

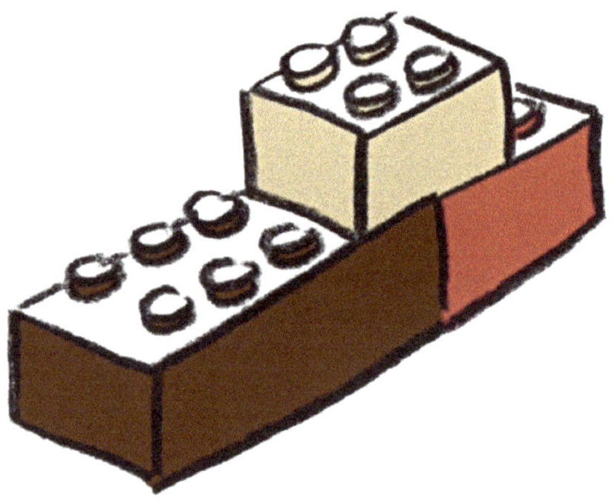

{ Travaillons sur le système, pas sur les personnes. }

Cherchons à promouvoir une culture basée sur l'atteinte de résultats

Il faut rendre visible le rendement de l'équipe – seulement les résultats, pas les apports! – pour alimenter une «culture gagnante» basée sur les équipes.

Jamais au grand jamais il ne s'agira de gérer la performance individuelle étant donné qu'elle n'existe pas. Arrêtons de contrôler le temps de travail ou le comportement individuel – le «comportementalisme» a démontré son inefficacité depuis longtemps.

Ce qui marche, au contraire: les organisations les plus adaptables et gagnantes sont centrées sur la consolidation d'une culture promouvant le «plaisir, tout en gagnant des parts de marché».

Cela ne s'obtient pas par le contrôle des comportements individuels.

Redéfinir le succès à l'ère de la complexité: pourquoi et comment instaurer la paix entre les parties prenantes

Croyance *Alpha*:

«Les différentes parties prenantes détenteurs d'intérêts d'une organisation sont condamnées à être en conflit éternel les unes avec les autres. Par conséquent, dans toute situation donnée, nous devons donner la priorité à un groupe de parties prenantes particulier par rapport à un autre. En cas de doute, ce sont les propriétaires ou les actionnaires. Parfois, nous allons mettre les clients en premier. Enfin... c'est ce qu'on dit...

Le succès consiste à créer un profit ou une valeur maximum à court terme pour les actionnaires.»

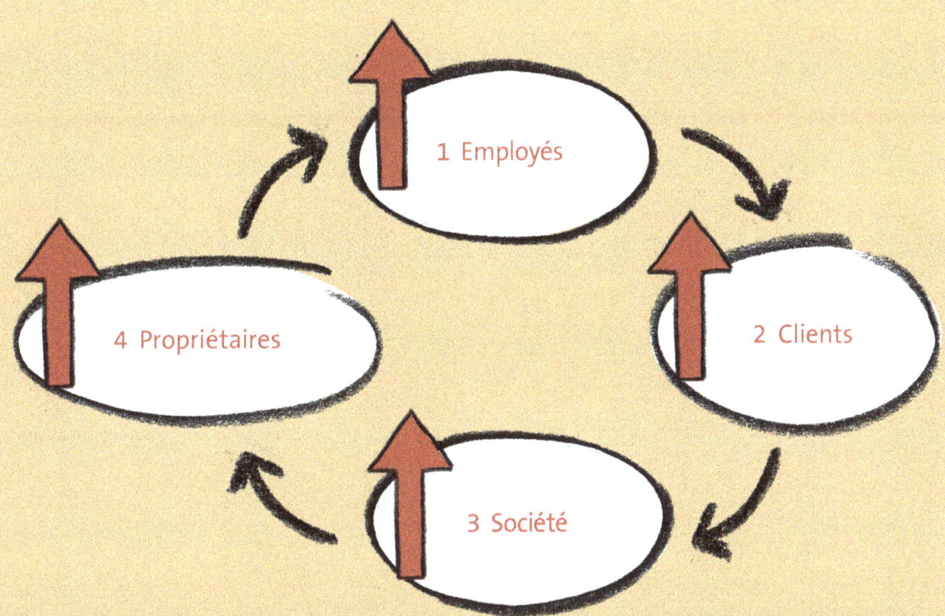

Croyance *Bêta*:

«Les intérêts des parties prenantes sont entremêlés et interdépendants: le succès découle de la création d'un cycle vertueux entre la création de valeur pour les employés, les clients, la société et les propriétaires. Ce cycle ne peut commencer qu'avec les membres de l'organisation – la création de valeur commence avec eux. Ils doivent venir en premier. Le cycle ne doit pas être rompu aux dépens d'un groupe ou d'un autre. **Le succès consiste à créer durablement une valeur supérieure pour toutes les parties prenantes.»**

{ Les théories de maximisation des profits et de valeur pour les actionnaires sont des dogmes mécanistiques et, en définitive, des dogmes antisociaux. Le succès n'est pas un jeu à somme nulle. Et ce n'est pas seulement «gagnant-gagnant» non plus! }

Le leadership: influencer la structure informelle

Les structures informelles peuvent développer une force positive qui protège les organisations contre l'échec et le désordre. Un phénomène tel que la solidarité, par exemple, ne peut découler que d'une structure informelle.

La première étape pour un leadership efficace en tant qu'influence sur une structure informelle consiste à le reconnaître, à accepter son existence et à lui créer un espace. Ne la rejetez pas comme du papotage de cafétéria! Nombre de dirigeants d'aujourd'hui ne se voient pas comme faisant partie d'une structure informelle. Ou ils la considèrent comme illégitime. C'est une erreur.

Bien que la structure informelle ne puisse être modelée consciemment et même si elle échappe en grande partie à l'observation directe, elle peut quand même être «stimulée de manière constructive». Quiconque fait partie d'un système ou est autorisé à y entrer influencera de manière significative la structure sociale, à l'instar des rituels cultivés consciemment. Rendre l'information disponible pour tous, rapidement et uniformément, c'est-à-dire promouvoir une transparence maximale, est un facteur souvent sous-estimé. La création d'environnements de travail et de lieux de travail accessibles à tous est également intéressante – une chose que Google a prouvée.

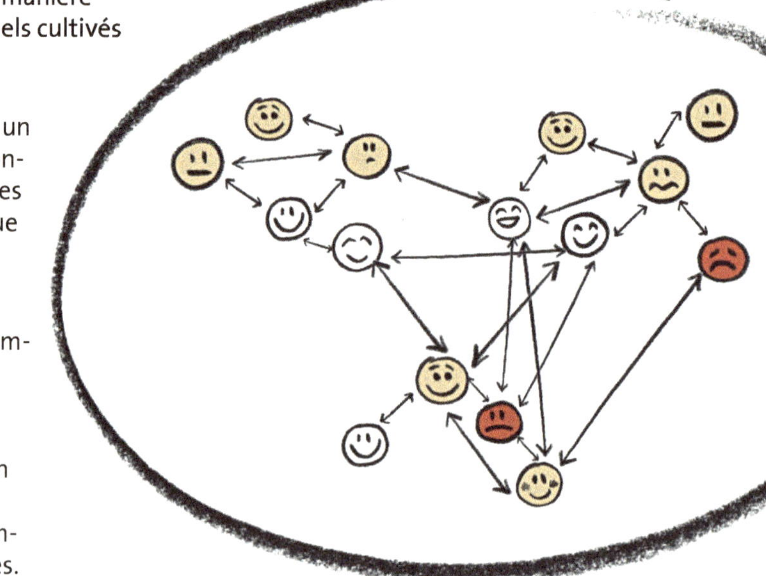

Encourager les forums informels sur le savoir, les «loges de maîtres», les ligues, les guildes et les communautés de pratique (au lieu de tenir les conférences habituelles et les événements frontaux) est un autre levier. Une façon bien plus efficace que le développement du personnel est la gestion des processus d'apprentissage dans lesquels la conscience de soi, la conscience des autres, la communication et l'efficacité des équipes sont accrues.

Le leadership: influencer la structure de création de valeur

Le leadership ne fixe pas d'objectifs, ni ne fournit de barrières anti-collision. Ceci est de la gestion, ou du leadership en tant que position. Le leadership est plutôt un rôle, une sorte de travail, pas un emploi. Ce travail consiste en une action collective pour créer un espace, une sphère d'activité, dans laquelle la création de valeur peut se matérialiser. Le leadership, c'est comme créer des espaces délimités par des membranes cellulaires dans lesquelles des individus et des équipes peuvent jouer le rôle d'entrepreneurs. Les uns avec les autres et les uns pour les autres. Des liens qui relient les équipes. Il n'y a rien de verrouillé, rien de rigide.

Le leadership en Bêta n'est plus synonyme du droit de prendre des décisions. Au lieu de cela, le pouvoir de décision «saute» à l'endroit où se trouvent les problèmes: toute décision doit être prise par un professionnel ou un expert-matière.

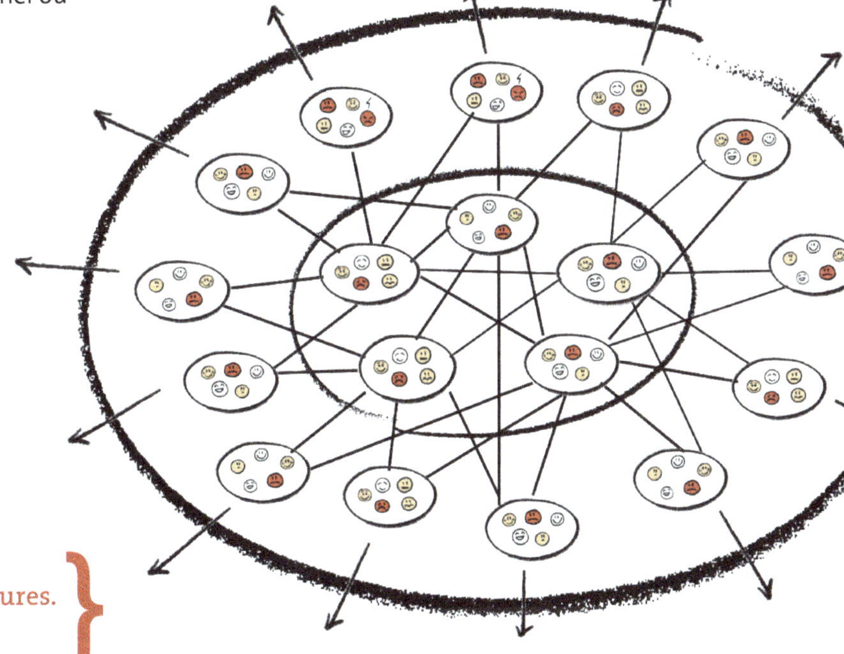

Que reste-t-il alors aux «gestionnaires»? Organiser des actions communes sur le domaine d'activité, sur les principes, les modèles commerciaux et organisationnels. Organiser le «travail d'identité». Représenter à l'extérieur et attirer les bonnes personnes. Rendre les relations entre les cellules plus agiles. Faciliter la résolution des conflits. Permettre la visibilité des résultats. Assurer la présence de compétence et de maîtrise, sans revendiquer le pouvoir formel.

Si vous laissez la structure formelle interférer négativement avec la création de valeur, vous ne faites pas votre travail.

{ Le leadership se déroule dans deux structures. Et, à son tour, cela modifie ces structures. }

Le recrutement et la sélection en tant que disciplines clés du leadership: Attirer les bonnes personnes!

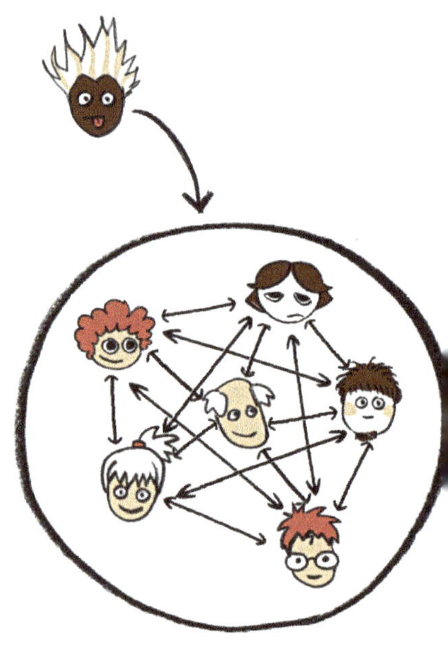

Au fil des décennies, des industries entières de sélection et d'évaluation sont apparues. En complexité, elles deviennent une partie du problème. Des processus de sélection et de promotion hautement formalisés, normalisés et désocialisés sont devenus la règle. Les gestionnaires et les professionnels des ressources humaines partagent la responsabilité du recrutement, parfois appuyés par des psychologues experts en évaluation. Cela conduit à une emphase démesurée sur des critères de sélection apparemment objectifs et facilement observables – en particulier les comportements, les «habiletés» et les compétences.

Une fois que la normalisation comportementale et les compétences individuelles sont devenues dominantes dans la sélection et la promotion, une faible diversité est une conséquence inévitable, de même qu'un manque chronique d'adéquation culturelle entre les nouveaux collègues et leurs équipes. Il est probable qu'une hiérarchie d'incompétence va émerger («En tant que garantie, je m'assure que les personnes sous moi sont légèrement pires que moi»).

En Bêta, le recrutement est considéré comme la tâche de leadership la plus sacrée de tous. Ici, être impliqué de manière intensive dans la sélection est une question d'honneur. Cela se traduit par des processus de sélection socialement intense: les collègues recrutent des collègues. Au lieu des représentants de la structure formelle, ce sont les pairs des structures informelles et de la création de valeur qui seront responsables des décisions de sélection de leurs équipes. Une faible formalisation et un dialogue solide donnent du poids à des facteurs moins facilement observables tels que «l'attitude», la «culture» et la «compatibilité avec l'équipe» dans le processus de prise de décision. De nombreuses personnes (par exemple cinq, huit ou plus) seront impliquées dans tout processus de sélection, et chaque participant aura le pouvoir d'éliminer ou d'exclure des candidats d'un processus, si cela est justifié.

{ Le recrutement et la promotion sont des décisions d'affaires clés.
Un signe d'un excellent processus de sélection est qu'il prend beaucoup de temps. }

Cherchons à promouvoir le développement personnel et la maîtrise

Vous ne pouvez développer les gens et vous n'en avez pas besoin. Les individus le font d'eux-mêmes. Une organisation, toutefois, peut et doit créer les conditions et les forums facilitant le développement personnel. Elle peut également inciter les leaders à se retirer de la décision et arrêter de contrôler ou freiner le développement personnel de chacun.

La maîtrise personnelle est la seule solution viable pour résoudre les problèmes dans les environnements complexes.

En général, nous surévaluons le talent, et sous-estimons l'apprentissage systématique, discipliné. Nous surévaluons la formation organisée en salle et sous-estimons l'apprentissage intégré au travail courant. Nous surévaluons l'instruction formelle et sous-estimons les interactions qui nous inspirent dans le réseau informel et dans les communautés de pratique.

{ Les budgets pour la formation servent uniquement au contrôle – et pas à l'apprentissage. Donc autant les supprimer et dédier les ressources d'apprentissage disponibles à tous ceux qui apprennent, sur demande. }

Pratiquons la «transparence radicale»

L'information est à la responsabilité entrepreneuriale ce que l'oxygène est au corps humain. Dans une organisation, sans un accès facile et rapide à l'information – en y incluant le rendement des équipes et les résultats financiers de l'organisation – les équipes et les individus avanceront à l'aveugle. La transparence revient à leur rendre la vue.

La transparence alimente l'ambition, l'esprit de compétitivité et la pression de groupe ou des pairs.

La pratique de «livres ouverts» («Open Books») fait partie de ceci. En définitive, si nous en sommes encore à penser aux possibles risques de partager l'information, alors probablement, c'est que nous n'avons pas encore franchi le pas. Il est grand temps de le faire.

{ La transparence est le nouveau contrôle. }

Rendons les objectifs, unités de mesure et primes «relatifs»

Dans les marchés dynamiques, le pronostic est rendu impossible. La planification se convertit en un rituel futile, voire dangereux.

Dans le travail auto-organisé, montrer des carottes aux gens pour les faire avancer ne fonctionne pas, voire même les démotive, étrangle l'implication et l'esprit d'équipe. Diriger avec des objectifs, des évaluations de performance et des systèmes de prime, doivent considérer la complexité et la nature de la motivation humaine.

Principe d'organisation *Bêta*:

- Transparence et amélioration
- Comparaison entre pairs
- Comparaison avec les périodes précédentes
- Dialogue et critique
- Salaire suivant la valeur du marché
- Partage de résultats
- Combat commun contre la gaspillage
- ...

Principe d'organisation *Alpha*:

- Objectifs fixes et individuels
- Gestion par objectifs
- Budget et plan
- Évaluation de la performance
- Salaire suivant la position
- Salaire suivant le rendement individuel
- Primes et bonus
- Gestion de coûts
- ...

{ Laissons la raison d'être et la mission influencer les comportements, pas les chiffres ou les processus de manipulation et de contrôle. }

Une meilleure façon de prendre des décisions complexes

Une prise de décision constamment décentralisée dans une structure de réseau rend indispensable la «liaison» sociale entre différents acteurs et équipes. La consultation ou la prise de décision consultative est l'un de ces moyens. Il vaut mieux, encore, élever la prise de décision individuelle consultative à un principe.

Comme nous l'avons vu, la prise de décision hiérarchique («approbation par les patrons») n'est pas efficace en complexité. Les solutions de rechange évidentes et bien connues, telles que l'unanimité ou la décision à la majorité dans les comités et les réunions, ne sont ni efficaces ni pratiques: elles tendent à alimenter la bureaucratie et le gaspillage. Les organisations de réseau robustes et dynamiques ont besoin de mécanismes décisionnels plus efficaces que cela.

La consultation fait généralement référence à la collecte d'informations et de conseils avant de prendre une décision. Les médecins, sous certaines conditions, sont obligés de consulter leurs pairs. Les avocats sont également habitués à cela.

Dans les organisations où les décisions sont systématiquement décentralisées, on peut également trouver la pratique et le principe de la consultation. **Ils pourraient appeler cela «processus d'avis» (AES), délibération (dm-drogerie markt), recommandation, «ligne de flottaison» (W.L.Gore) ou «nemawashi» (Toyota et autres).**

{ Ce qui distingue la consultation du dialogue: elle commence par un problème spécifique ou un cas de décision; en consultation, exactement un seul décideur (à nommer d'emblée) décide; la consultation n'est pas volontaire, mais obligatoire. }

C'est ainsi que fonctionne la «prise de décision individuelle consultative»

(1) Groupe: «Qui est le décideur?»

Le groupe suit l'hypothèse selon laquelle «les patrons devraient décider le moins possible eux-mêmes» affine le problème; choisit le décideur, en appliquant des critères tels que: implication, proximité du problème, qualité de la recherche d'idées, …

(2) Décideur: «Qui est-ce que je consulte?»

Il sait que la consultation est un devoir et non une option et cherche de l'aide auprès des personnes les plus appropriées: collègues, spécialistes internes, experts externes, consultants, managers (et, en fonction de la pertinence, au conseil d'administration); est responsable de la sélection des partenaires de consultation internes/externes

(3) Décideur et consultant: «Quelles sont les options?»

Effectuent des «dialogues consultatifs»; partagent la connaissance; génèrent des idées; affinent le champ de décision; apprennent les uns des autres et «changent» ensemble

(4) Décideur: «Quel est mon choix?»

Assume l'entière responsabilité; choisit la meilleure option en tenant compte de différentes idées et points de vue; assure le suivi des conséquences de la décision; si nécessaire, défend la décision ou la modifie plus tard

(5) Groupe: «Que pouvons-nous faire mieux?»

Soutient ensemble la décision sans nuire à la responsabilité individuelle; célèbre ensemble, donne des commentaires; «Exerce le pardon», si nécessaire; rappelle plus tard l'expérience dans des situations similaires

> { La consultation est comme un schéma de suggestion inversé. }

En résumé: appliquons l'ensemble des 12 lois du code Bêta – principes pour des organisations robustes face à la complexité

Loi	Bêta (Fais ça!)		Alpha (Pas ça!)
01. Autonomie des l'équipe	Relations avec une raison d'être,	et non	dépendance
02. Fédéralisation	Intégration dans des cellules,	et non	division en silos
03. Leaderships	L'auto-organisation,	pas	la gestion
04. La réussite globale	Forme globale,	pas	mono-maximisation.
05. La transparence	L'intelligence du flux,	pas	l'obstruction du pouvoir
06. Orientation vers le marché	Cibles relatives,	pas	de prescription descendante
07. Revenu conditionnel	Participation,	et non	incitation
08. Présence d'esprit	Préparation,	pas	économie planifiée
09. Rythme	Le tact et le rythme,	et non	l'orientation vers l'exercice financier
10. Décision basée sur la maîtrise	Conséquence,	pas	de bureaucratie
11. Discipline des ressources	Appropriée et selon les besoins,	et non	selon le statut
12. Coordination des flux	Dynamique de création de valeur,	pas	d'allocations statiques

2018 version, *www.betacodex.org*

Les versions Alpha et Bêta sont des mentalités basées sur des codex composés d'ensembles de lois interdépendants. Dans la dynamique actuelle (et avec le conseil d'administration de Théorie Y de McGregor), la pratique de la Bêta entraînera une performance compétitive supérieure.

Partie

7

Transformer ou rester coincé!
La voie vers l'avant

(Comment la transformation organisationnelle profonde fonctionne. Vraiment.)

Transformer les modèles organisationnels: nécessité et défi

Bien que la gestion tayloristique ou «Alpha» soit restée à ce jour un peu le modèle standard de gouvernance organisationnelle, il n'en reste pas moins un modèle du passé: comme nous l'avons vu, le monde a déjà changé – la grande complexité de la création de valeur est devenue la norme.

Pour chaque organisation existante, traditionnelle, cela pose la question suivante: pouvons-nous nous transformer? Ou avons-nous réellement besoin de le faire? Et si oui, comment passer d'Alpha à Bêta?

Pour les organisations plus jeunes, la question est la suivante: comment pouvons-nous éviter ou contourner Alpha et conserver un modèle d'organisation très entrepreneurial?

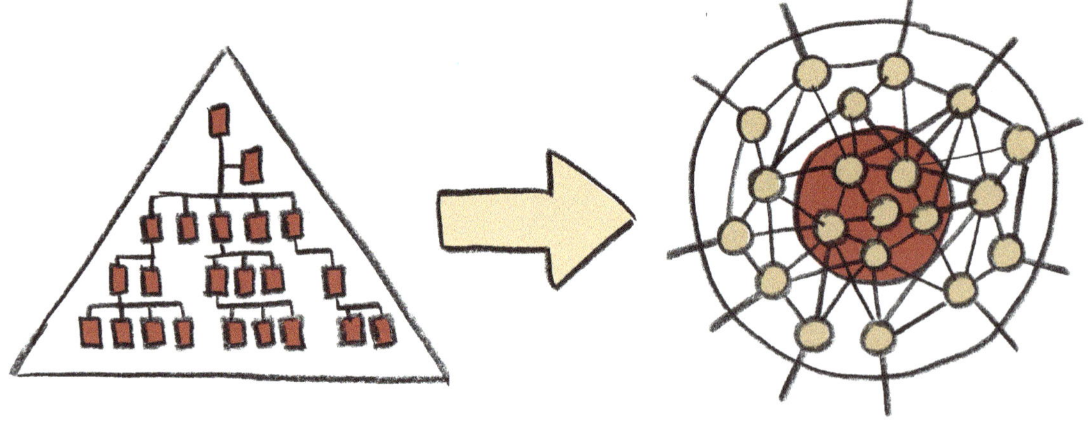

{ L'optimisation, l'amélioration du modèle existant, l'innovation de gestion ou l'utilisation du modèle ne vous mènera pas d'Alpha à la Bêta. Seul le travail sur le modèle peut le faire. }

Comment notre compréhension du «changement organisationnel» a évolué

Marvin Weisbord nous présente un modèle utile pour distinguer les mentalités de changement et les approches du changement. Il montre qu'il existe quatre attitudes fondamentalement distinctes qui ont évolué au cours des cent dernières années à l'égard du changement organisationnel. Les méthodes et les outils de changement nécessaires ont évolué parallèlement à ces modèles de pensée, successivement et dans des contextes historiques spécifiques.

Pour la transformation vers la version Bêta, seule la dernière approche montrée ici suffit: le travail systémique, organisé comme un processus social.

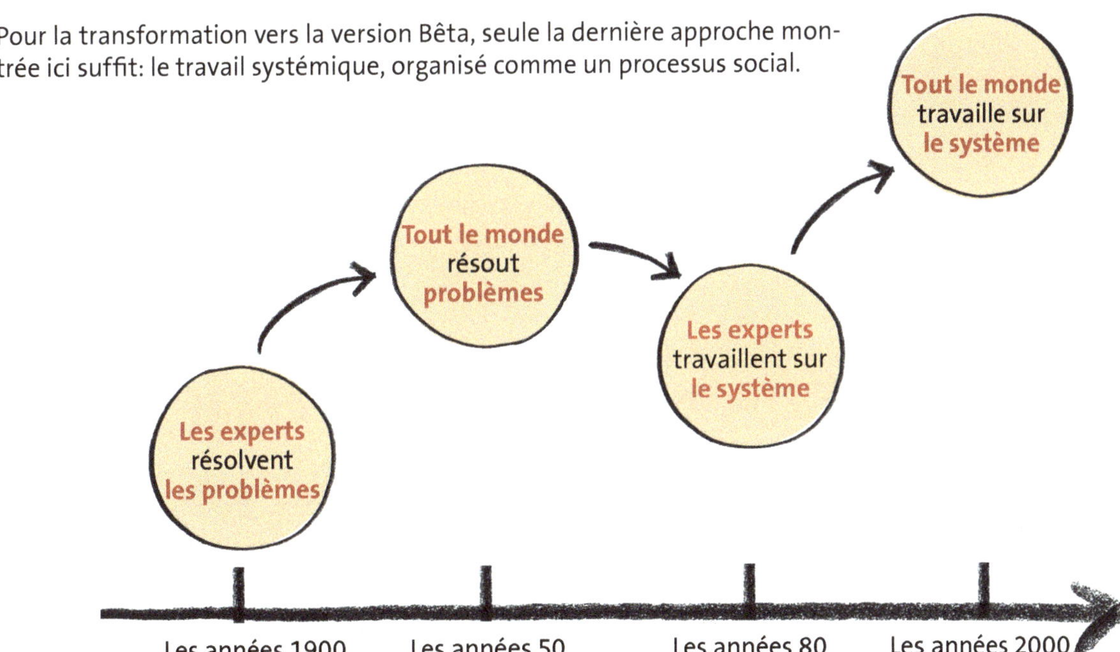

{ La technologie pour agir sur le changement transformationnel en tant que «processus social collectif affectant le système» est assez récente: elle a évolué et maturé dans les plus récentes décennies }

Théorie évolutionniste pour les organisations: la transformation fait partie de la normalité organisationnelle

Les organisations ne sont pas nées en mode Alpha.
Elles y évoluent ou s'y transforment.

L'économiste Friedrich Glasl explique ce phénomène dans sa théorie des phases de développement à travers desquelles une organisation peut évoluer. S'inspirant de cela, il y a trois phases ou évolution organisationnelle et trois types de transformation.

L'Alpha est, en ce sens, une étape évolutive typique des organisations. À ce jour, très peu d'entreprises ont réussi à éviter complètement le stade de la «différenciation».

L'Alpha est une étape de développement courante, mais pas inévitable dans la vie d'une organisation.

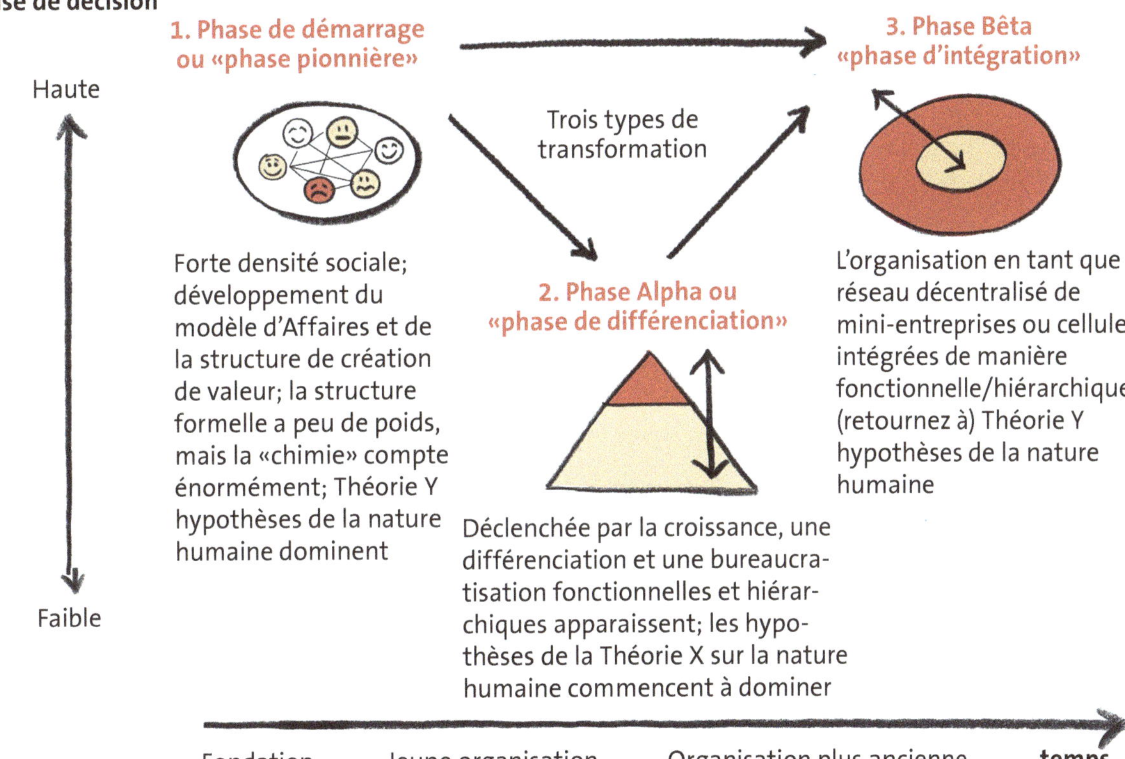
Degré de décentralisation de la prise de décision
Haute
Faible
1. Phase de démarrage ou «phase pionnière»
Trois types de transformation
3. Phase Bêta «phase d'intégration»
Forte densité sociale; développement du modèle d'Affaires et de la structure de création de valeur; la structure formelle a peu de poids, mais la «chimie» compte énormément; Théorie Y hypothèses de la nature humaine dominent
2. Phase Alpha ou «phase de différenciation»
L'organisation en tant que réseau décentralisé de mini-entreprises ou cellules intégrées de manière fonctionnelle/hiérarchique; (retournez à) Théorie Y hypothèses de la nature humaine
Déclenchée par la croissance, une différenciation et une bureaucratisation fonctionnelles et hiérarchiques apparaissent; les hypothèses de la Théorie X sur la nature humaine commencent à dominer
Fondation
Jeune organisation
Organisation plus ancienne
temps

Les trois types de transformation: comment les organisations deviennent «Alpha» – et comment elles peuvent laisser celle-ci derrière

{ La plupart des organisations ont déjà subi une transformation – ou sont au beau milieu d'une transformation. }

Nous appelons les trois types de transformation organisationnelle «bureaucratisation», «approfondissement» et «transformation Bêta».

Le pilotage centralisé devenant un problème complexe, les entreprises plus jeunes et en croissance doivent apprendre à s'approfondir – et doivent trouver un moyen d'éviter la phase Alpha.

Presque toutes les grandes et anciennes entreprises ont besoin d'une intégration fonctionnelle et hiérarchique, c'est-à-dire une transformation Bêta, combinée à une décentralisation de la prise de décision.

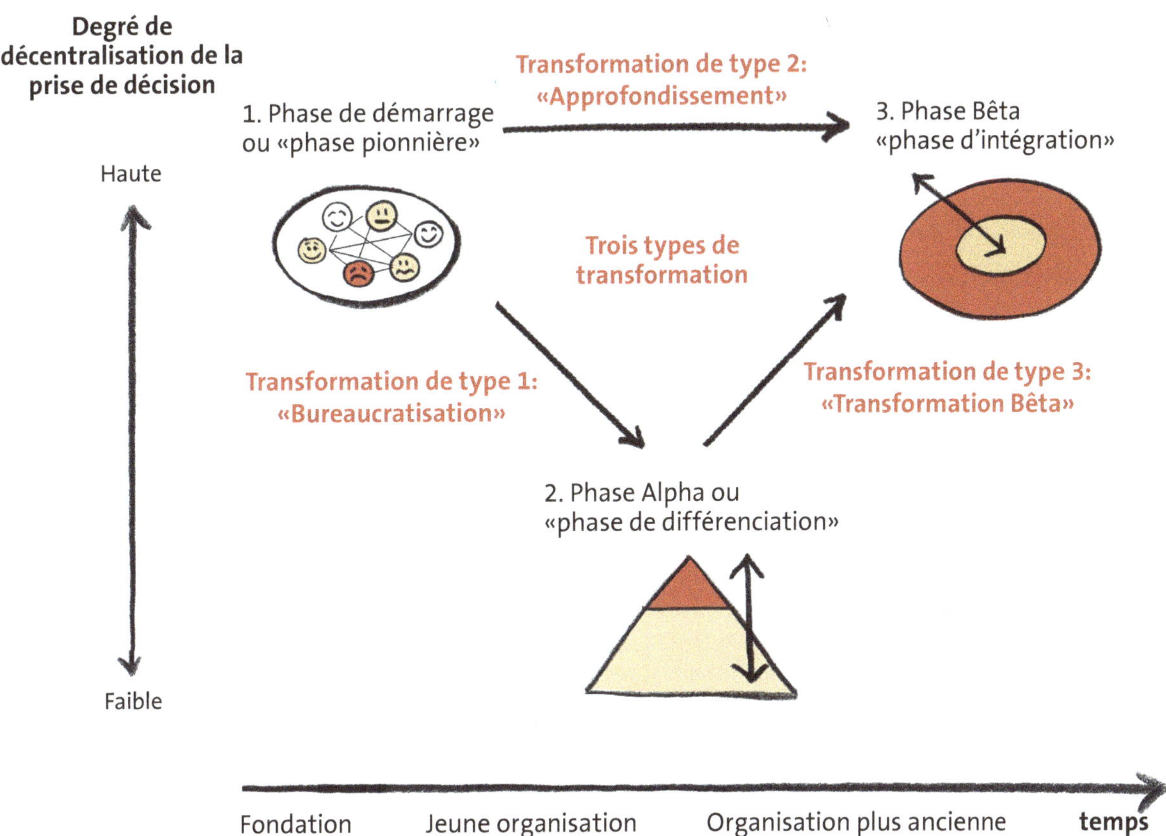
Degré de
décentralisation de la
prise de décision
Haute
Faible
1. Phase de démarrage
ou «phase pionnière»
Transformation de type 2:
«Approfondissement»
3. Phase Bêta
«phase d'intégration»
Trois types de
transformation
Transformation de type 1:
«Bureaucratisation»
Transformation de type 3:
«Transformation Bêta»
2. Phase Alpha ou
«phase de différenciation»
Fondation
Jeune organisation
Organisation plus ancienne
temps

De «formidable démarrage» à «ordinaire Alpha»: le phénomène de la sensibilité au «vent de travers»

La raison pour laquelle la plupart des organisations se retrouvent aujourd'hui dans la phase Alpha, ou phase de différenciation, est appelée sensibilité au «vent de travers».

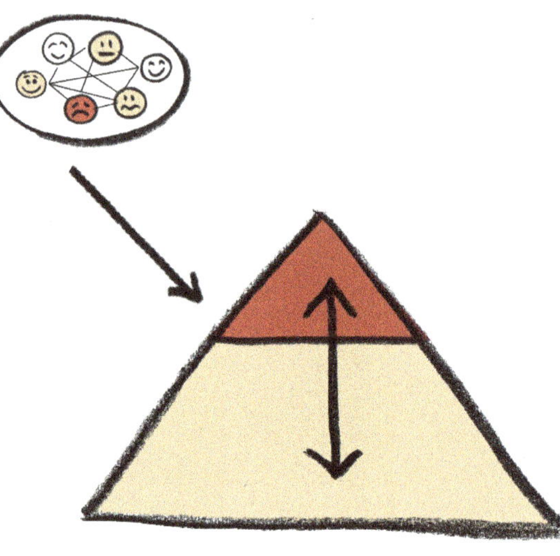

Les entreprises en démarrage (start-ups) sont des «organisations Bêta naïves». Elles ont rarement une compréhension précise de ce qui les rend performantes. Par conséquent, elles ont tendance à attribuer leur succès et leurs performances élevées à leurs produits ou à un modèle commercial apparemment supérieur.

Tôt ou tard, cependant, chaque entreprise en démarrage qui réussit et en phase de croissance est décomposé en centre et en périphérie par une dynamique externe. Il réagit à cela en développant soit une hiérarchie et une différenciation fonctionnelle – c'est le chemin qui mène à la phase Alpha – soi en approfondissant leur modèle d'organisation Bêta, à travers des divisions cellulaires successives.

La bureaucratisation a tendance à se produire par surprise. Tout comme un vent de travers venant apparemment de nulle part peut frapper un cycliste. Le déclencheur de cette transformation est la propre croissance de l'organisation et sa diminution subséquente de la densité sociale, mais les crises jouent également un rôle. Soudain, le cri de «professionnalisation» se fait entendre: les meilleures pratiques externes sont copiées, des consultants recrutés, des processus et des règles établis, des structures formelles élaborées pour lutter contre le «chaos». Ainsi, les principes et les convictions Alpha sont adoptés. Tout le monde le fait, alors pourquoi pas nous?

La transformation Bêta, en revanche, ne peut être poursuivie qu'avec un niveau élevé de conscience de soi collective. Il y a des raisons pour cela. Jusqu'à présent, Alpha est le modèle organisationnel par défaut: le répertoire Alpha peut être appris et mis en pratique pratiquement partout. De plus, l'inconscient collectif est toujours principalement façonné par des idées pré-démocratiques: mais le Bêta nécessite de faire face au pouvoir et à la communication à un niveau de complexité supérieur. Ce n'est souvent pas intériorisé, il n'est pas intégré aux réflexes.

{ Alpha est favorisé par la sensibilité au vent de travers. La Bêta ne l'est pas. }

Étapes vers l'approfondissement et la transformation Bêta: Premièrement, concrétisez le sens de l'urgence

Un sentiment d'urgence est la réalisation émotionnelle qu'une action conjointe immédiate est nécessaire. Émotionnelle. Immédiatement. Ensemble.

La plupart des organisations n'ont jamais délibérément implanté le changement d'une manière basée sur ces principes. Comme nous l'avons vu dans les «Trois F» et les «Trois R», si vous voulez instiller un changement, il ne suffit pas de montrer ce qu'il faut faire, de rétablir les faits ou d'expliquer que le statu quo est terrible. Il est également absurde de prétendre que la crise (seule) déclenche le changement. Pour créer une dynamique et une énergie en faveur du changement, les individus doivent également être convaincus qu'un avenir meilleur est possible. Cela a peu en commun avec la connaissance, les plaidoyers ou les «solutions».

Ne cherchez pas de réponses au début. Abstenez-vous de demander des sondages ou des rapports. Ne réduisez pas le besoin de changement à une nécessité de réaliser des économies et réduction de coûts. Au lieu de cela, essayez de saisir le problème central émotionnellement. Et montrez à tous pourquoi le changement ne peut être retardé et pourquoi il ne peut pas être conduit à huis clos, ni présenté seulement par la direction ou des consultants?

Vous remarquerez que vous êtes sur la bonne voie pour exprimer le sens de l'urgence, lorsque des mots comme «nous», «maintenant» et «ensemble» entrent en jeu. Lorsque vous êtes prêt à formuler le sens de l'urgence au sens figuré.

{ Un sentiment d'urgence, c'est plus que parler de faits. }

Deuxièmement: Trouver et unir un groupe central pour devenir une «coalition de guidage» du changement

Un groupe social ou une organisation de toute taille significative possède un groupe de base: un groupe de membres «qui compte vraiment». Ce groupe est un élément de structure informelle. Pour que la transformation se produise, le groupe central – ou une partie de celui-ci – doit s'unir et assumer la responsabilité des processus de changement. Alternativement, un nouveau groupe central modifié peut s'unir pour mener à bien le changement, en formant un pacte de changement les uns avec les autres.

Le gourou du changement John Kotter a décrit le processus de formation d'un tel groupe central dans plusieurs de ses livres, y compris la fable «Notre iceberg est en train de fondre». Kotter appelle le groupe central à changer la «coalition de guidage».

La coalition doit intégrer la diversité.
Différents niveaux de pouvoir formel et d'influence informelle; différents rôles, différentes préférences, différents personnages et forces de communication. Ce n'est qu'avec la diversité et en se complétant de manière positive que le groupe central pourra utiliser toute la gamme des interventions transformationnelles possibles et maîtriser les défis et les crises en transformation.

{ Chaque organisation a déjà un groupe de base. Pour une Transformation Bêta, ce groupe doit s'unir et apprendre à conduire un changement complexe. Le groupe doit devenir une équipe. }

Troisièmement: écrivez une lettre à votre organisation

En tant que protection contre le vent de travers et comme outil de transformation, l'autodescription est recommandée. L'autodescription en tant que moyen de mettre le sens de l'urgence à l'écrit est le moyen le plus efficace d'organiser le travail de réflexion et de communication nécessaire au changement en profondeur. C'est une base idéale pour des processus de transformation robustes.

Nous appelons une telle autodescription la «lettre à nous-mêmes». Vous pouvez également appeler la lettre le «manifeste», la «constitution», la «charte» ou le «cas de changement» de votre entreprise. **Toute organisation au-delà de la phase de démarrage devrait produire un tel document à un moment donné.**

Une lettre à nous-mêmes peut avoir une longueur de 20 à 40 pages. Elle peut être conçue sous la forme d'un petit livre. La lettre parle de la raison pour laquelle le changement est urgent maintenant. D'où provient l'organisation. Et à quoi pourrait ressembler un avenir meilleur? La lettre décrira donc toujours le passé, le présent et le futur.

{ Au fait: une organisation ne peut pas se connaître complètement. Par conséquent, une autodescription ne peut être développée qu'avec une aide extérieure. }

Quatrièmement: aller avec l'énergie de changement, pas contre elle. Apprenez à confronter les deux formes de résistance.

La transformation organisationnelle, en tant que processus social, prospère si elle est gérée conjointement par tous les membres de l'organisation. Pas conduit par un comité ou derrière des portes closes. Pas du haut vers le bas. Pas par des spécialistes externes. Pour que cela réussisse, la décision formelle de transformation doit être prise le plus tard possible. Cela ne devrait avoir lieu que lorsque pratiquement tous sont à bord: ils résonnent avec le sens de l'urgence et ont un rapport avec la lettre à nous-mêmes.

La transformation ne peut être ni planifiée ni programmée. Il faut de l'espace pour l'émergence. Un tel processus vit donc de la résonance qu'il génère lui-même au sein de l'organisation.

La résistance à la transformation est naturelle. Il doit y avoir de la résistance: sinon, l'organisation aurait déjà été transformée toute seule ou comme par magie. Dans l'approche émergente du changement décrite ici, la résistance est beaucoup moins répandue et moins diffuse que lors d'une initiative de changement typique. Deux formes fondamentales de résistance sont toutefois pertinentes ici et nécessitent toutes deux une action et des conséquences cohérent.

Le premier type est guidé par l'intérêt personnel. Nous appelons cela la résistance tactique. C'est relativement rare. **La seconde est guidée par la peur de l'avenir et le sentiment d'insécurité.** Nous appelons cela la résistance intuitive. Cette dernière peut être traitée et résolue à l'aide des «Trois R.». Le premier ne le peut pas.

> { La résistance au changement est aussi naturelle que la transpiration dans les sports professionnels. Avec une approche émergente du changement, la résistance est minimisée et exploitable. }

Bêta versus Alpha: les deux modèles comparés

Bêta

Vivant
Surprise
Principes
Structure de création de valeur/flot

Théorie des flux Y Hypothèses de la nature humaine
Systémiques
Économies décentralisées
de la technologie des flux: leadership

Les cellules du réseau en tant que «mini-entreprises»
Relations de création de valeur externes/
tirer «pull»
Prenantes forment un cercle vertueux
Les gens d'abord, les clients ensuite
«Marché» (référence externe) est en charge
L'intégration fonctionnelle détermine la structure
Structure informelle: cultivée, dispose d'un leadership
Leadership: décentralisé, temporaire
Ceux qui dirigent les équipes de services et l'ensemble
Tout le monde prend des décisions importantes
La consultation donne la stabilité, elle est obligatoire
Complexité robuste: élégante, meilleure et moins chère
Ajustement, meilleure qualité et meilleur coût
L'ensemble est la somme des interactions
Décidez le plus tard possible
Ressources et dialogues juste-à-temps
L'équipe embauche de nouveaux collègues
Équipe, auto-organisation, pression sociale
Transparence radicale
Contrats de performance relatifs, référence externe
Comparaisons réelles-réelles
Tout le monde pense et agit, toujours
La partage des résultats accentue les interactions
Célébrer les succès et les échecs communs
Améliorer l'interaction, investir dans des équipes vivantes
Payer la personne
Agile, Scrum, prototypage rapide, design thinking

Alpha

Mort
Répétition
Règles
Structure formelle/Ordre

Théorie X hypothèses de la nature humaine
Mécanistique
Économies centralisées
des technologies d'échelle: gestion

Fonctions, départements, divisions
Relations de pouvoir haut en bas/
pousser les intérêts des parties
Prenantes dans un conflit éternel
Les clients d'abord! Les actionnaires d'abord! Profit!
«Management» (fonction interne) est en charge
La division fonctionnelle détermine la structure
Structure informelle: refoulée
Leadership: centralisé, lié à la position
Les patrons gouvernent par commandement-et-contrôle
Gestionnaires: rémunérés pour prendre des décisions
Les processus procurent stabilité et doivent être suivis
Efficace: pleinement utilisé, plus rapide et moins cher
Plus grand, plus grand, part de marché
Le tout est la somme des parties
Décidez le plus tôt possible
Ressources alignées, budgétisation, ressources humaines
Les dirigeants prennent les décisions d'embauche
Individualisation, contrôle hiérarchique, bureaucratie
L'information, c'est le pouvoir
Contrats de performance fixes, négociés en interne
Comparaisons planifiées / réelles
Stratégiques et opérationnelles
Les systèmes d'encouragement et de bonus stimulent la per
Récompense et punition
Former l'individu, développement en personnel
Payer par position
Gestion de projet, Waterfall
Le changement est une activité contrôlée et temporaire

Transformation: un processus de «double hélice»

Un modèle de processus permettant de modifier les équipes ou l'organisation dans son ensemble ne peut pas relever le défi de la transformation Bêta. Il existe une autre dimension du changement, une deuxième dimension, qui n'est pas liée à l'organisation en tant qu'organisme social, mais qui concerne le parcours de transformation de chaque individu.

Les styles de communication et les comportements de chacun doivent changer. Ainsi, pour parvenir à une véritable transformation organisationnelle, une autre dimension doit être ajoutée au cadre: un modèle de processus pour un changement personnel ou individuel.

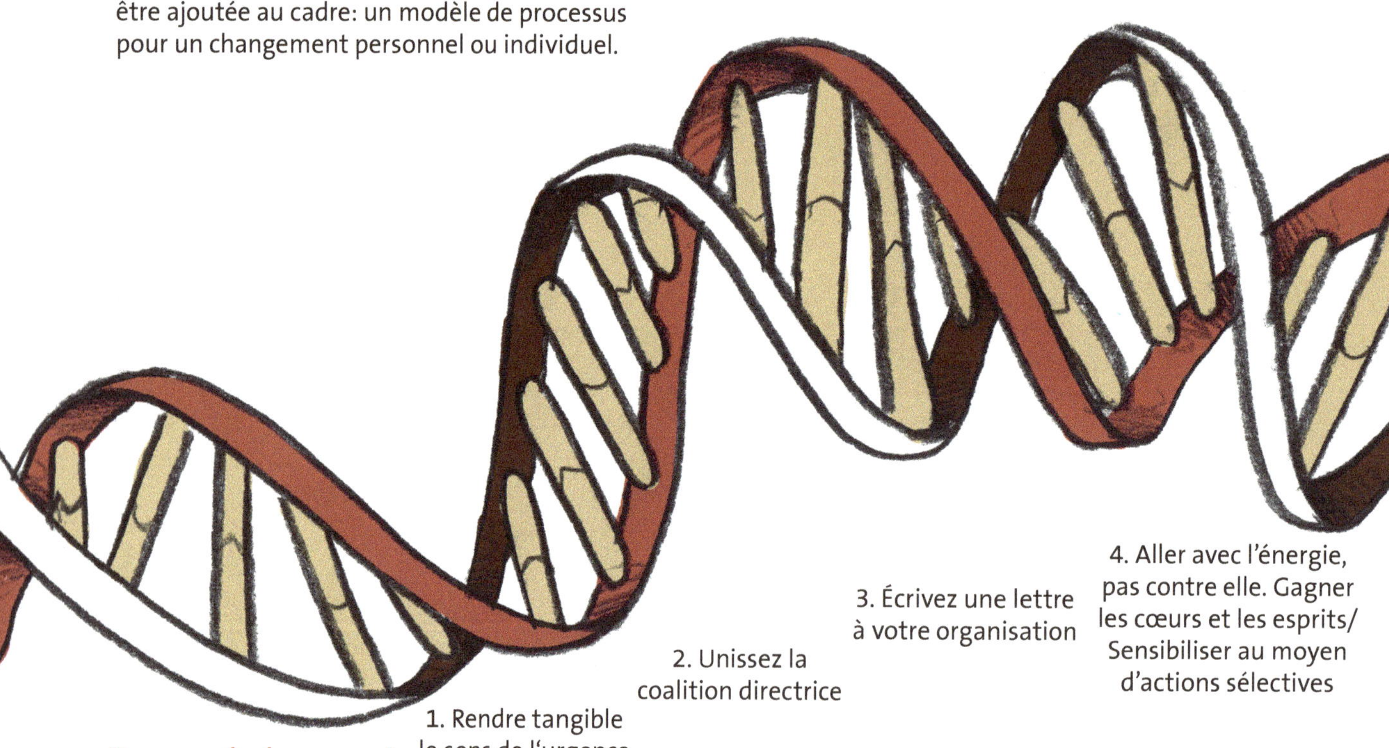

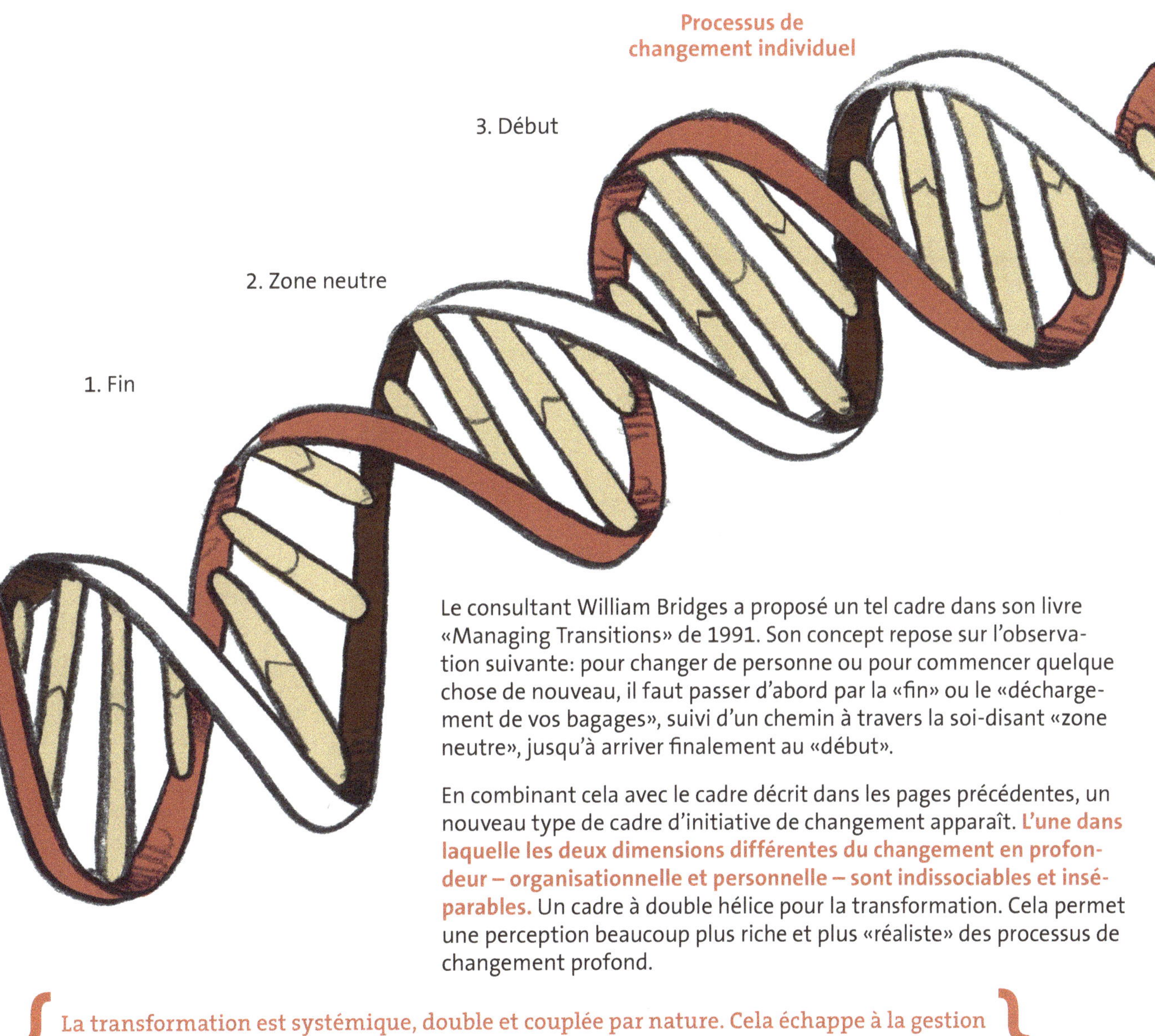

Le consultant William Bridges a proposé un tel cadre dans son livre «Managing Transitions» de 1991. Son concept repose sur l'observation suivante: pour changer de personne ou pour commencer quelque chose de nouveau, il faut passer d'abord par la «fin» ou le «déchargement de vos bagages», suivi d'un chemin à travers la soi-disant «zone neutre», jusqu'à arriver finalement au «début».

En combinant cela avec le cadre décrit dans les pages précédentes, un nouveau type de cadre d'initiative de changement apparaît. **L'une dans laquelle les deux dimensions différentes du changement en profondeur – organisationnelle et personnelle – sont indissociables et inséparables.** Un cadre à double hélice pour la transformation. Cela permet une perception beaucoup plus riche et plus «réaliste» des processus de changement profond.

{ La transformation est systémique, double et couplée par nature. Cela échappe à la gestion de projet. Il peut cependant être dirigé, guidé et pris en charge par la méthodologie. }

Vous voulez y aller? À quoi ressemble réellement votre influence personnelle – et comment l'utiliser

L'Influencomètre est un outil de réflexion qui peut vous aider à mieux comprendre votre influence personnelle au sein de votre propre organisation.

Demandez-vous: Quel est mon pouvoir? Quoi et qui puis-je influencer directement – ou indirectement, en «jouant en équipe»? À quelle vitesse de changement puis-je m'attendre lorsque j'utilise cette influence?

Mon domaine d'influence indirecte:
vitesse de changement faible à moyenne

{ Ne pas avoir d'influence sur sa propre organisation est l'exception et non la règle. Il est presque toujours nécessaire de faire un coup en bandes, comme au billard. }

Comment amener votre organisation sur le chemin de la transformation

Beaucoup d'entre nous se sentent impuissants face au défi que représente un changement profond pour une organisation. Cependant, il y a trois choses que tout le monde peut faire pour pousser gentiment sa propre organisation vers la voie de la complexité-robustesse.

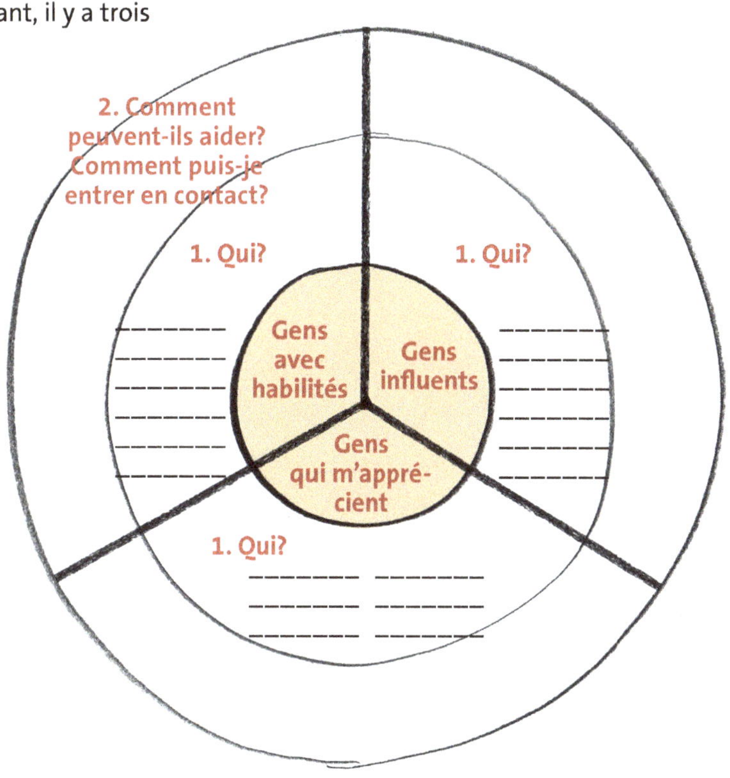

Encourager un dialogue constructif et la mise en réseau. Vous êtes membre de la structure informelle de votre organisation. Tirez parti de cette structure à des fins de transformation. Vous constaterez que vous n'êtes pas seul!

Utilisez les forums existants pour les impulsions. Chaque organisation crée des forums de communication qui peuvent être exploités ou «réutilisés» pour des stimuli transformationnels. Il peut s'agir d'événements et de conférences, de réunions annuelles, de réunions de dirigeants et même de fêtes de Noël. Qui sont les organisateurs/instigateurs de ces forums?

Éliminez ce qui empêche le changement. Il est souvent plus facile et nécessite moins d'influence pour éliminer les obstacles internes que pour mettre en œuvre quelque chose de complètement «nouveau». Cela ne signifie pas pour autant qu'une telle hygiène organisationnelle serait moins efficace que la création de nouvelles pratiques.

Comment utiliser l'outil de recherche. Toujours répondre aux questions «qui?» d'abord: qui sont ceux qui ont une influence pertinente? Ceux qui m'apprécient? Ceux qui ont des compétences pertinentes pour le changement? Vient ensuite le «Comment?»: Comment ces acteurs peuvent-ils apporter une aide spécifique? Comment puis-je les contacter?

Chapitre bonus

«Le Management est du charlatanisme.»

(Entrevue)

«Le management, c'est du charlatanisme.» Entrevue

L'interview a été réalisée par Winfried Kretschmer et Michael Kres

Monsieur Pflaeging, vous préconisez la suppression de la gestion. N'est-ce pas une proposition assez audacieuse? Ne suffirait-il pas aussi d'améliorer la gestion?
Si vous regardez des entreprises plus grandes ou même plus petites, il est clair que la plupart du temps, ces endroits ont peu à offrir en termes de qualité de vie ou de qualité du travail. Il y a de bonnes raisons pour lesquelles de nombreuses personnes sont insatisfaites de leurs conditions de travail. Il y a la fameuse résignation mentale, qui est une réaction aux lacunes des organisations. Les gens quittent les entreprises, grandes et petites, en masse et optent pour le travail autonome. A mon avis, cette détresse dans les organisations, dans le travail, n'a qu'une seule origine, à savoir le fait que nous essayons toujours de gouverner le travail avec des techniques et des méthodes de commande et de contrôle, c'est-à-dire de «gestion». Nous adhérons à un dogme de gestion qui n'est pas approprié pour les personnes dans les organisations, ni pour les investisseurs, ni pour les clients, la société ou d'autres parties prenantes. Il n'est pas audacieux de se débarrasser de la gestion – il y a longtemps qu'on aurait dû s'en débarrasser!

Qu'est-ce qui ne va pas avec la gestion? Qu'est-ce que vous critiquez?
Presque tout est mauvais avec la gestion. Le management lui-même est erroné. J'aime comparer la situation actuelle avec l'état de la médecine ou des arts curatifs au Moyen Âge européen. Sous nos latitudes, à l'époque, les gens ne savaient pratiquement rien de l'origine des maladies, les connaissances scientifiques de l'Antiquité étaient ignorées ou perdues, les charlatans utilisaient des méthodes de traitement des maladies préscientifiques, souvent uniquement d'inspiration religieuse. A cette époque, une forme de traitement typique était la saignée (phlébotomie) – une technique qui ne favorisait pas la guérison, mais qui tuait une bonne partie des patients. C'est une chose affreuse. Dans le domaine du leadership organisationnel, nous nous trouvons aujourd'hui à un tournant semblable à l'état de la méde-

cine avant la renaissance: On s'accroche toujours au charlatanisme. Les clients et les employés sont souvent saignés à blanc par des exécutifs formés par les programmes de MBA, les consultants en gestion saignent à blanc des entreprises entières. La plupart des gestionnaires agissent au meilleur de leur connaissance et de bonne foi.

Néanmoins, le management est plus un obstacle aux organisations, aux employés et aux clients qu'une source de création de valeur. Les problèmes complexes ne peuvent être résolus avec le répertoire de gestion. Ils ne font qu'empirer avec de prétendues améliorations, optimisations, gestion des coûts et réorganisations.

Le fait est que presque tous les aspects de la gestion d'entreprise doivent changer. Dans les organisations de tout type, nous avons besoin de quelque chose de totalement différent de ce que nous associons aujourd'hui à la gestion.

Qu'entendez-vous exactement par «management»?

Tout d'abord: La gestion n'est pas la même chose que leadership. Certains experts en gestion les considèrent comme équivalents. Ignorer cette différence, c'est mal interpréter l'histoire de la gestion d'entreprise. Un peu comme appeler un iPad une machines à écrire! Le leadership permet d'atteindre des résultats totalement différents de ceux du management. La gestion des technologies sociales de l'ère industrielle peut offrir quelque chose de très spécifique: il s'agit d'un modèle conceptuel adapté à la production d'efficacité dans un travail répétitif, standardisé et compliqué. Il est donc utile dans des conditions spécifiques: lorsqu'il est possible d'utiliser le principe de la séparation de la pensée et de l'action. Cette idée de base remonte à Frederick W. Taylor et a façonné notre société comme peu d'autres idées l'ont fait – la théorie de l'évolution, par exemple. Taylor a proposé et conçu des méthodes très efficaces pour «libérer» une grande partie du travail industriel, à cette époque encore à ses débuts, de la pensée; pour transformer une grande partie des travailleurs en quasi-machines qui n'auraient plus à penser, mais seulement à exécuter. Il y a un siècle, c'était une idée vraiment révolutionnaire. Il promettait un bond en avant dans la création de valeur industrielle. En gros, c'est une bonne chose. Le personnel, la séparation temporelle, mais aussi géographique, de la pensée et de l'action est devenue le principe directeur de la gestion.

C'était son noyau ingénieux – et c'est maintenant sa faiblesse fatale. Aujourd'hui, le principe du personnel et de la répartition dans le temps est un obstacle à l'innovation, à la qualité, à l'orientation client, à la rentabilité et à l'orientation vers le marché et, par conséquent, à une gestion efficace de la complexité.

Votre argument est le suivant: Les hypothèses de base sont fausses parce que le monde a changé en plus d'un siècle depuis la création de la gestion. Quelles sont ces hypothèses de base?

La situation à l'ère industrielle était radicalement différente de la situation actuelle. A cette époque, les entreprises existaient au sein de sociétés prédémocratiques et agissaient sur des marchés oligopolistiques ou monopolistiques, loin d'être aussi mondialisés et compétitifs que les marchés actuels. L'éducation était inégale à l'époque et le travailleur moyen savait à peine lire et écrire. La plupart des entreprises pourraient ainsi se permettre le luxe de forcer leurs clients et leurs employés: Forcer les clients à acheter et les employés à travailler. C'est dans ce contexte qu'est née la gestion de la technologie sociale: Ce qui est enseigné dans les écoles de commerce aujourd'hui, ainsi que les pratiques administratives et de leadership en vigueur dans les entreprises ou les pratiques diffusées par les consultants en gestion, tout ce qui a vu le jour à cette époque. Nous nous accrochons à des concepts qui ont des points communs avec les connaissances scientifiques d'aujourd'hui et avec la réalité du marché d'aujourd'hui.

Si je comprends bien, vous parlez de deux hypothèses de base. La première est liée à la nature humaine...

Oui, l'hypothèse sous-jacente de la gestion est une perception spécifique de la nature humaine: Selon ce concept, en principe, les gens essaient fondamentalement d'éviter le travail et doivent être forcés ou séduits pour performer. Ils doivent être contrôlés. Le principe de Taylor de division hiérarchique entre penseurs et faiseurs est profondément enraciné dans cette théorie, et bien que ce principe ait été efficace à l'ère industrielle, il n'en reste pas moins que, malheureusement, il est resté la façon habituelle de diriger les organisations à ce jour. Même si nous sentons que cette division ne peut plus être considérée comme appropriée.

Le défi aujourd'hui est d'apprendre à organiser le travail en fonction de réalités de marché totalement différentes. Nous avons besoin de la motivation de tous les membres d'une organisation, nous avons besoin de l'esprit d'entrepreneuriat que les gens possèdent par nature. Nous savons que cette impulsion existe depuis la recherche motivationnelle des années 1950 et 1960. Mais 90% des outils, processus et habitudes de gestion sont basés sur une idéologie subordonnée et supérieure, sur cette vision très perfide de la nature humaine: Nous ne pouvons pas faire confiance aux employés, nous devons les forcer, les motiver et les contrôler de l'extérieur, sinon il n'y a pas de performance. Les choses ne s'arrangent que lorsque les dirigeants, les patrons forcent la performance, nourrissent leurs employés à la petite cuillère ou les soudoient. C'est l'héritage handicapant de l'ère industrielle.

Et cette vision de la nature humaine est fausse!

Certainement. Les gens ne sont pas paresseux et léthargiques en soi, même si, naturellement, ils peuvent adopter un tel comportement si nécessaire. Ils n'ont pas besoin d'être forcés à travailler. Cependant, ce préjugé profondément ancré au sujet des gens et de leur relation au travail est ce qui maintient la direction en vie.

Quiconque a appris à croire au commandement et au contrôle aura beaucoup de mal à voir les lacunes de ces méthodes et à s'en détourner. Les processus externes sont des exemples: qu'il doit y avoir des budgets et une gestion des coûts; que l'évaluation et l'évaluation des employés sont bonnes, justes et efficaces; ou que la gestion par objectifs et les systèmes d'incitation sont nécessaires pour induire la performance. Personne ne fait la faveur à son conjoint ou partenaire de vie de lui faire passer une évaluation annuelle de performance, comme à un employés, à l'instar de: «Chérie, discutons un peu de tes indicateurs clés de performance, de l'amélioration de la performance, de tes objectifs pour l'année prochaine!» Nous ne le faisons pas et nous ne croyons pas non plus qu'une telle chose puisse être d'une manière ou d'une autre «efficace». Cependant, dans les entreprises, cela nous semble tout à fait naturel.

L'hypothèse de base numéro deux concerne les organisations et leur contrôlabilité. Les organisations ont-elles besoin d'une hiérarchie?

Le préjugé mentionné plus haut concerne la notion que la nature humaine est également à la base de l'hypothèse selon laquelle la hiérarchie formelle doit inévitablement jouer un rôle majeur dans les organisations. Si les gens étaient des êtres déficients, qui tentent chroniquement de s'éloigner de leur travail, alors naturellement nous aurions besoin de hiérarchie pour garder l'organisation sous contrôle, à la lumière de tous ces gens avec leurs défauts et leurs déficiences.

La deuxième hypothèse de base erronée, cependant, concerne l'illusion de contrôle – la croyance que nous pouvons en quelque sorte contrôler l'avenir et la complexité de l'organisation. C'est une croyance stupide, bien sûr, mais regardez comment la plupart des gestionnaires passent leur temps – et quel genre de métaphores sont évoquées à propos des organisations. L'affirmation selon laquelle les compagnies ressemblent à des orchestres en est un exemple. Les orchestres et les compagnies n'ont pas grand-chose en commun, si ce n'est le fait que les deux nécessitent un nombre relativement important de personnes. Les orchestres interprètent conjointement une partition existante, alors que les compagnies doivent faire face à un avenir incertain. Elles agissent sur des marchés où ils rencontrent constamment des problèmes qu'ils n'ont jamais rencontrés auparavant. Par nécessité, les entreprises doivent s'aventurer dans quelque chose de nouveau qu'elles n'ont jamais rencontré auparavant. Elles ne suivent pas une partition, elles n'interprètent pas un scénario prédéfini.

L'avenir est imprévisible, il est entrepreneurial. Cependant, la pensée dominante de la direction est enracinée dans le dogme selon lequel nous sommes capables de maîtriser l'avenir et de le contrôler: nous n'avons qu'à penser à un objectif et à établir un plan pour l'atteindre! La croyance sous-jacente est que l'avenir obéit à nos plans, est prévisible, contrôlable. En réalité, bien sûr, les marchés sont très dynamiques et surprenants. Et plus les marchés deviennent dynamiques et complexes, plus le contrôle interne et la planification économique centrale poussent les organisations dans le mur.

Il y a quelques décennies, nous avons tous compris que la planification économique centrale n'est pas apte à diriger ou à gouverner les économies nationales. Cependant, nous n'avons pas encore compris qu'il en va de même pour les entreprises et les organisations en général. Nous n'arrivons pas à faire des progrès ou améliorer le rendement au moyen de la planification stratégique, de la budgétisation, de l'établissement d'objectifs et de lignes directrices fixes – simplement parce que l'avenir n'est tout simplement pas prévisible et que les organisations sont des systèmes complexes. La gestion est un peu comme l'économie soviétique pour les entreprises. Les objectifs sont fixés, les incitations sont liées aux objectifs et, dans l'ensemble, on s'efforce d'avoir les employés sous contrôle afin qu'ils respectent ces plans, quotas, budgets et objectifs. Combiné avec un appareil de suppression totale et la peur, partout où c'est nécessaire. C'est l'esprit soviétique. C'est l'économie soviétique – et nous l'appelons la gestion!

La douce coercition qui s'exerce une fois que les organisations plus jeunes et plus plates deviennent plus efficaces et plus productives ne suffirait-elle pas à

éradiquer la gestion, avec le temps? Ou avons-nous besoin d'une sorte de révolution dans les entreprises existantes?

Je ne crois pas que la «coercition douce» soit une approche de changement capable de déclencher l'effet transformationnel nécessaire dans les organisations du monde entier. La gestion est un état d'esprit qui ne disparaîtra pas tout seul. Nous portons tous des modèles mentaux qui nous permettent, en tant qu'êtres humains, de survivre dans un environnement complexe. Et nous avons appris à résoudre les problèmes d'une manière spécifique, à travailler ensemble dans les organisations d'une manière spécifique. Si nous voulons maintenant changer cela, parce que les anciennes méthodes ne fonctionnent plus, nous sommes alors confrontés au problème de la manière de générer un apprentissage collectif.

Si le modèle de «gestion» mentale n'est plus utile, cela signifie tout d'abord que nous devons accepter ce fait et ensuite changer notre façon de penser. Nous devons tous désapprendre et apprendre de nouvelles choses. Cette reconnaissance est cependant encore assez peu commune. Sur le plan organisationnel, il s'agit en effet d'une révolution du leadership. Au niveau individuel, il ne s'agit pas d'une révolution mais plutôt d'un processus d'apprentissage, d'une variété d'étapes d'apprentissage, à l'issue desquelles une personne remarque qu'elle pense différemment et peut désormais accéder à d'autres répertoires comportementaux plus efficaces. L'un de mes clients consultants a décrit ainsi ce processus de transformation individuelle: une personne dans cette phase d'apprentissage éprouverait fréquemment des éclairs de perspicacité et d'intuition, c'est-à-dire des moments abrupts de la compréhension, dans lesquels de nouvelles possibilités comportementales plus efficaces s'ouvrent. Cependant, entre ces éclairs encourageants de perspicacité, la personne connaîtrait aussi des rechutes continuelles dans de vieux schémas comportementaux – ce qui, à son tour, peut sembler quelque peu décourageant.

Nous ferions donc mieux de trouver une autre voie que de simplement espérer que des pressions externes ou des stimuli extérieurs nous permettront d'opérer le changement pour nous. Nous ferions mieux de chercher des moyens de générer ces éclairs d'intuition et d'augmenter leur fréquence. A cet égard, le fait qu'il y ait un certain nombre d'organisations pionnières qui se sont déjà engagées dans cette voie est utile, mais ce n'est pas suffisant. Il existe un bon nombre d'exemples d'organisations qui se sont transformées ou qui ont maintenu un modèle organisationnel «Bêta» tout au long de leur existence, et dont on peut tirer des leçons. Mais la transformation au sein d'une organisation existante exige aussi de la méthode.

Combien de temps donnez-vous aux structures économiques centrales existantes dans les entreprises?

Il incombe au pouvoir des marchés de déterminer combien de temps les entreprises individuelles qui poursuivent le dogme de la gestion, ou du commandement et du contrôle, seront encore capables de survivre. En fin de compte, les marchés mettront fin à la gestion telle que nous la connaissons aujourd'hui. Dans certaines industries, ce processus de déplacement est déjà bien engagé, par exemple dans l'industrie automobile mondiale. Prenons l'exemple du marché allemand des médicaments, où l'ancien leader du marché, Schlecker, a été balayé du marché par la pression de concurrents

non gérés, tels que dm-drogerie markt, l'ancien modèle organisationnel entraînant sa propre disparition.
Après 100 ans de gestion, nous approchons d'un changement générationnel dans les paradigmes du leadership organisationnel. Une renaissance du travail et des organisations.

Vous avez vous-même travaillé comme contrôleur financier et vous avez fait l'expérience de grandes entreprises au premier plan. A cette époque, quelle a été l'expérience clé qui a suscité votre conviction que le management est superflu?
Fondamentalement, il y avait deux types d'expériences clés. D'une part, en tant que directeur financier, j'ai vécu un moment important. Après plusieurs années dans l'entreprise, je n'ai tout simplement pas pu m'empêcher de remarquer que les instruments et les méthodes, tels que la planification budgétaire, la stratégie, les rapports de gestion, les prévisions – à savoir l'ensemble du système de planification et de rapport – ne fonctionnaient pas. Dans l'ensemble, les systèmes habituels de gestion du rendement, y compris les éléments supervisés par les secteurs des ressources humaines, ne produisent ni alignement, ni efficacité, ni compréhension, ni dialogue. Sans parler de l'amélioration! Ils n'ont produit que de l'inertie, de la fatigue et de la démotivation.
De plus, il y a eu l'expérience personnelle avec les patrons et les cadres supérieurs à travers laquelle j'ai remarqué les nombreuses façons différentes dont la direction hiérarchique et le contrôle échouaient régulièrement. Cette notion que les patrons doivent toujours savoir et toujours être responsables, qu'ils peuvent prendre de meilleures décisions que leurs subordonnés – ça n'a pas marché du tout, peu importe où je regardais et qui j'écoutais.
Aujourd'hui, dans mon rôle de consultant, je continue de constater que la communication dans les organisations se fait presque partout d'une manière trop unilatérale et qui met rarement les gens sur un pied d'égalité. Surtout quand les gens et les équipes sont sous pression, ce qui est bien sûr très courant. Par conséquent, il y a un manque d'apprentissage, un manque d'espace pour développer la maîtrise et un manque d'espace pour les mécanismes de correction sociale.
La bonne chose, la chose sensée, ne peut généralement pas forcer son passage. Cet échec de commandement et de contrôle peut être servi pratiquement partout, dans toutes sortes d'organisations. Nous connaissons et reconnaissons tous les symptômes. C'est pourquoi les livres comme «How to work for an idiot» ou «The no asshole rule» sont des best-sellers.

Que se passe-t-il lorsque la gestion est supprimée? Est-ce que le chaos total éclate? Qu'est-ce que cela signifie pour les gestionnaires?
Pour mettre la gestion sur le tas d'ordures de l'histoire, nous n'avons pas besoin d'envoyer des gestionnaires au bloc! L'enjeu n'est pas vraiment de se débarrasser des gestionnaires, mais plutôt d'abolir la technologie du management. Pensez à ce qui arrive aux écrivains: plus personne n'a besoin d'une machine à écrire. Nous écrivons tous encore, peut-être plus que jamais, mais nous écrivons avec des PC, des ordinateurs portables, des tablettes, des téléphones portables, toutes sortes de gadgets. Le changement crucial associé au passage de la gestion à une organisation plus contemporaine, plus complexe et plus robuste, consiste à abolir la di-

vision entre ceux qui pensent et ceux qui agissent: dans une telle organisation, tous seront autorisés à penser, pourront penser, et on s'attend soudainement à ce qu'ils pensent en tout temps. C'est décidément lourd de conséquences et ce n'est pas si facile à imaginer pour la plupart des gens dans les entreprises d'aujourd'hui avec leurs rituels, dogmes, processus, règles et outils de gestion!

Dans le nouveau dogme, ce ne sont pas seulement quelques managers qui pensent, il y a peut-être des milliers de personnes qui pensent. Dans une telle organisation, le besoin de transparence et d'une véritable coordination d'équipe – et non de coordination par les patrons – se développe assez rapidement. Il se produit une plus grande densité sociale, tout comme une pression de groupe plus constructive. Plus d'intelligence collective, plus d'auto-organisation, plus de dissidence.

Mais il doit y avoir quelqu'un qui a une vision d'ensemble – la vue d'ensemble.

Beaucoup de membres d'une organisation devraient avoir une vue d'ensemble, idéalement tous devraient avoir une vue globale. Mais pour laisser aller le commandement et le contrôle derrière soi, la surveillance ou veille ne doit pas être couplée avec le pouvoir de supervision, avec la souveraineté et le pouvoir de décision sur tout et sur tous. Dans un bureau de rédaction d'un journal, le rédacteur en chef, par exemple, et le directeur général supervisent tous les deux. Ils sont les ambassadeurs de l'image d'ensemble. Cependant, ils ne prennent pas toutes les décisions. Tout à fait le contraire. Et dans les réunions éditoriales quotidiennes, tout le monde, vraiment tout le monde – s'attend à ce que chacun pense par lui-même ou on le condamne.

Pourquoi parlez-vous des sociétés Alpha et des sociétés Bêta?

A première vue, la distinction entre Alpha et Bêta, entre la gestion et le leadership réel, peut sembler quelque peu compliquée. D'autre part, des termes et des distinctions précis sont nécessaires dans le contexte organisationnel pour que les gens puissent penser le nouveau et se distinguer de l'ancien.

Il s'agit de «branding» – au sens premier du terme: À l'origine, le marquage se référait au marquage au fer rouge des bovins avec des marques distinctes qui permettraient d'identifier le propriétaire. Un éleveur marquait son propre bétail afin de le différencier de celui des autres éleveurs.

Nous avons besoin du même concept maintenant dans les organisations, dans les entreprises: Pour un changement profond, les gens doivent être capables de différencier ce qu'est le management Alpha, d'une part – c'est-à-dire les pratiques, les rituels, les concepts, les dogmes qui causent ou perpétuent la division entre penser et faire. Et ce qu'est le leadership Bêta, d'un autre côté.

La plupart des entreprises, des gestionnaires et des fondateurs ne savent même pas qu'il existe deux modèles distincts de leadership organisationnel. Un ancien qui a fait un travail remarquable à l'ère industrielle et un nouveau qui est en fait adapté aux marchés et à la complexité d'aujourd'hui.

Dans mon travail transformationnel au cours de la dernière décennie, j'ai remarqué que les gens deviennent meilleurs et plus rapides dans la reconnaissance, l'apprentissage et la pratique constante du nouveau mode s'ils juxtaposent constamment ce nouveau mode avec l'ancien. Nous devons apprendre à voir la distinction.

Qu'est-ce que cela signifie, en particulier?

Un exemple: il y a environ 40 ans, nous avons vécu la soi-disant troisième révolution dans l'industrie automobile, qui était principalement associée à l'essor de Toyota. Beaucoup voulaient imiter le succès du modèle Toyota, qui est synonyme de succès holistique et d'efficacité maximale. Cependant, le fait que les soi-disant cordons andon (avec lesquels les travailleurs pouvaient arrêter la chaîne de production à eux seuls, si nécessaire, comme chez Toyota) aient été successivement adoptés par les usines automobiles du monde entier, ne signifiait pas, par un effort d'imagination, que la méthode Toyota, la pensée Toyota, la culture Toyota avaient été introduites. Dans une organisation marquée par la peur, de telles lignes de conduite n'ont pas de sens du tout, car le fait de tirer sur le cordon andon pourrait entraîner des représailles, et pourrait être perçu comme un aveu d'échec.

Une organisation aussi complexe et robuste que Toyota n'est tout simplement pas un outil. Elle ne se fait pas non plus par le biais d'outils. Il est composé d'une variété de principes, de centaines de concepts, auxquels tous les employés, y compris les cadres supérieurs, doivent s'engager de façon absolue. Des principes et des concepts que tous les membres d'une organisation gardent fermement dans leur cœur et dans leur esprit.

Afin de créer un processus de transformation vers une culture aussi performante, nous devons comprendre ce qui fait fonctionner les deux modèles de leadership organisationnel: ce modèle «Alpha» tayloristique, hiérarchique-bureaucratique, optimisé pour le contrôle externe. Et le modèle Bêta, taillé pour la maîtrise de soi, la décentralisation et le partage des responsabilités.

Dans le monde de l'entreprise d'aujourd'hui, Alpha est toujours la norme, Bêta est l'exception. Toyota est l'une de ces exceptions – et ce, depuis 50 ans. Dans des marchés dynamiques et surpeuplés, les entreprises Alpha ne peuvent faire face à la pression concurrentielle que les entreprises Bêta exercent en raison de leur haute performance. Cependant seuls ceux qui sont conscients de l'ancien peuvent prendre le nouveau. Plus que jamais, la haute performance durable ne repose pas sur la qualité des produits et des services, mais sur l'adéquation des modèles organisationnels.

Comment savoir s'il s'agit d'une organisation Alpha ou Bêta?

C'est très simple, vraiment – il y a beaucoup de symptômes qui sont typiques selon le modèle respectif. Depuis quelques années, je vis aux États-Unis à temps partiel et j'y magasine souvent dans un magasin d'alimentation appelé Trader Joe's. Cette chaîne de magasins appartient au holding allemand Aldi, mais est un peu différente de son homologue européenne. Chaque succursale ressemble à une épicerie locale dans son apparence, elle reflète la région ou le quartier où elle est située. Cela a un effet très informel et agréable. Sans parler de la haute qualité des produits et des prix sensationnels par rapport aux autres supermarchés. Maintenant, si vous voulez savoir s'il s'agit d'une société Bêta ou Alpha, il vous suffit généralement de poser quelques questions aux employés. Confrontez-les avec un problème. Dans une organisation Bêta, comme Trader Joe's, la plupart du temps, vous obtenez simplement des réponses intelligentes et réfléchies de chaque employé. Chez Trader Joe's, l'employé prend la responsabilité et l'assume également. Dans une entreprise Bêta, personne ne dit: «Je n'en suis pas respon-

sable», «C'est comme ça ici», «Je ne peux rien y faire» ou: «Vous pouvez toujours porter plainte auprès de la direction!»
Cependant, dans les organisations Bêta, des incidents curieux peuvent se produire, ce qui, ailleurs, serait presque inexplicable. Prenez SouthWest Airlines, qui est aussi une organisation Bêta mature. Il y a quelques années, à Southwest, une hôtesse de l'air a demandé à une passagère de quitter l'avion parce qu'elle trouvait que sa jupe était trop courte. Trop sexy. Cette femme, en mini-jupe, a ensuite fait le tour des talk-shows américains et a fait parler d'elle en racontant qu'elle n'avait pas été traitée «convenablement» par l'entreprise et qu'elle avait été victime de discrimination. Southwest, cependant, s'en est tenu à son principe: les agents de bord prennent un large éventail de décisions pour eux-mêmes et devraient toujours agir comme si l'entreprise leur appartenait.
Ainsi, lorsque les employés pensent par eux-mêmes et prennent des décisions entrepreneuriales de manière autonome, vous devez à tout moment supporter la responsabilité conjointe de ces décisions même si vous ou d'autres membres de l'organisation auriez pu prendre une décision différente. C'est là que se produisent les frictions, l'apprentissage et une grande partie de l'intelligence collective. Handelsbanken, une banque universitaire européenne dont le siège social se trouve en Suède, est fière de ne pas exploiter de centres d'appels; Handelsbanken estime que les personnes qui font partie d'une structure de centres d'appels ne peuvent pas penser et agir efficacement de manière entrepreneuriale. Chez Handelsbanken, Southwest, ou Trader Joe's, ils ne feraient pas et ne peuvent pas faire des exercices de planification annuels parce qu'ils ne veulent pas être condescendants avec leurs propres gens!
Une organisation du type «Bêta» produit beaucoup d'histoires de ce genre: des singularités, des pratiques inhabituelles par lesquelles elles peuvent être reconnues instantanément parmi tant d'organisations ou d'organisations sur-gérées et sous-dirigées.

Vous avez été un observateur attentif de la chaîne européenne de pharmacies, dm-drogerie markt, basée en Allemagne. Selon vous, c'est une entreprise qui s'est transformée en organisation Bêta il y a une vingtaine d'années. Racontez-nous comment cette transformation s'est produite.
Une histoire racontée par Goetz Werner, cofondateur et propriétaire principal de l'entreprise, illustre particulièrement bien l'attitude que j'appelle le Bêta Codex. Werner dit que jusqu'aux années 1980, il pensait qu'il était un bon gestionnaire lorsqu'il était capable de donner une réponse à tout employé qui poserait une question. Après tout, un bon patron sait naturellement mieux les choses et doit être décisif, non? Puis Werner a reconnu qu'il y avait un monde de différence entre cette attitude et un véritable leadership. Il a remarqué qu'il vaudrait mieux que les personnes qui lui posent des questions ne quittent pas son bureau avec des réponses toutes prêtes, mais plutôt avec cinq très bonnes et nouvelles questions. Les employés ne devraient pas suivre! Ils devraient élaborer des options et des solutions pour eux-mêmes, assumer des responsabilités et évaluer les risques. Il voulait les amener dans un processus permanent de réflexion et d'apprentissage. C'est l'essence même du travail de leadership.

Alors, à quoi ressemble une entreprise comme DM au-

jourd'hui, vingt ans après sa transformation en organisation Bêta?

Il y a quelque temps, j'ai eu l'occasion de participer à une conférence interne de DM sur le leadership avec environ 200 exécutifs. Lors de l'événement, j'ai trouvé remarquable à quel point le niveau de réflexion et de conscience de soi était élevé dans cette entreprise par rapport à d'autres entreprises que j'ai connues dans le cadre de mon travail de conseil. La différence était frappante.

En général, on pourrait dire que les organisations Bêta produisent beaucoup plus de discipline collective et créent une place pour la raison, pas pour l'obéissance. Les gens agissent de façon plus réfléchie, mais aussi avec beaucoup plus de questionnements et de dissensions. Je paraphraserais cela avec «professionnel et cultivé». Les employés de DM, de Handelsbanken ou de Toyota comprennent généralement très bien ce qui fait leur succès commun, comment la valeur est créée et comment la performance fonctionne.

Vous associez les organisations Bêta à un concept que vous appelez la connectivité. Expliquez-nous ce terme plus en détail.

Fondamentalement, les entreprises sont les terrains de jeux d'aventure les plus cool du monde. Ils sont constamment confrontés à un grand nombre de problèmes à résoudre. Pour les personnes intelligentes et apprenantes, c'est le meilleur terreau fertile à la trépidation, à la stimulation et au défi intellectuel. Et aussi pour créer un sentiment d'identité ou une raison d'être. Les organisations Alpha sont conçues et gérées de telle manière qu'elles n'ont même pas besoin de tous leurs employés pour se rapprocher des problèmes. Ici, le paradigme dominant est que les problèmes doivent être divisés en fonction des fonctions, les éléments affectés aux fonctions et traités de manière standardisée, prévisible et selon un ordre hiérarchique. Ce paradigme conduit à un incroyable gaspillage de défis, de motivation, de potentiel créatif et, finalement, de plaisir au travail.

Les organisations Bêta abordent tout cela différemment. Elles confrontent de nombreux, voire tous les membres de l'organisation avec des problèmes. Elles organisent l'innovation de manière à ce qu'en fin de compte chaque personne y participe et joindre sa motivation à l'objectif du travail. Chaque jour et en tout temps. À cet égard, Google et W.L.Gore sont des exemples notables parmi les organisations Bêta. Dans ces entreprises, chaque employé peut et doit lancer des projets de recherche et de développement; les ressources financières sont censées suivre les idées et non l'inverse. Pas des allocations et des budgets mécanistique, mais des gens avec des idées. De cette façon, les gens sont beaucoup plus susceptibles d'établir des liens avec le but de l'organisation.

Les gens s'accrochent au pouvoir. Comment la question du pouvoir s'inscrit-elle dans le contexte d'une organisation Bêta?

On me pose souvent cette question. Probablement parce que nous sommes pris par l'idée fausse que seule une quantité limitée de pouvoir est disponible dans une organisation donnée. Dans une organisation Alpha, les gestionnaires ont le pouvoir, tout le monde est impuissant. C'est du taylorisme classique. Maintenant, une opinion populaire est que les gestionnaires qui partagent le pouvoir avec les membres de l'équipe d'une organisation Bêta doivent renoncer à une partie de leur pouvoir. Mais le pouvoir n'est certainement pas un jeu à somme nulle. Si je partage mon pouvoir avec d'autres, nous pouvons acquérir du pouvoir en tant qu'équipe parce que nous pouvons travailler ensemble avec plus de succès – et ainsi gagner de l'influence collectivement. Une fois que nous commençons à définir le pouvoir comme une influence partagée sur les structures informelles et la création de valeur, il devient clair que le pouvoir dans une hiérarchie dirigée est creux et vide. C'est pourquoi les managers des organisations Alpha sont souvent des figures tragiques avant tout.

Le modèle Bêta peut-il également s'appliquer à des industries moins complexes?

Plus la création de valeur de l'organisation est complexe, plus les avantages d'une organisation Bêta sont importants. Nous ne devons cependant pas assimiler la complexité des produits à la complexité de la création de valeur. La complexité de la création de valeur a aujourd'hui un effet partout, même dans les industries traditionnellement relativement lentes, comme l'industrie de l'assurance ou l'énergie.

Nous avons trouvé des pionniers de la Bêta dans toutes les industries possibles. Avec Toyota, il y a au moins un constructeur automobile Bêta – c'est probablement l'une des industries manufacturières les plus complexes qui existent. Il y a une banque qui fonctionne depuis plus de 40 ans conformément au Codex Bêta. Une compagnie aérienne. Divers détaillants, fabricants de biens de consommation et prestataires de services. Nous avons trouvé Google, SAS, Valve et d'autres pionniers de la Bêta parmi les sociétés d'Internet et de logiciels. Prenons l'exemple de W.L.Gore, une entreprise de technologie hautement innovante. Dans le secteur de la santé, nous avons trouvé DaVita, le fournisseur américain de produits de dialyse.

Le modèle Bêta ne privilégie-t-il pas potentiellement les personnes bien éduquées, celles qui peuvent s'établir dans un environnement hautement professionnel?

Seulement si vous supposez qu'une bonne éducation génère presqu'automatiquement la capacité de penser par vous-même et d'agir d'une manière responsable et entrepreneuriale. Mais il est probable qu'il s'agisse là d'une hypothèse erronée. Tout enfant d'âge préscolaire a aujourd'hui plus envie d'apprendre et d'assumer des responsabilités que ne le fait le diplômé d'école secondaire habituel dont le désir et la capacité ont été chassés très tôt par notre système scolaire et éducatif. Les systèmes d'enseignement supérieur évoluent dans le même esprit. Dans le système d'éducation, nous trouvons justement les mêmes modèles mentaux paralysant de l'ère industrielle que nous rencontrons dans le travail et les organisations. De plus, les organisations intensifient leurs problèmes en appliquant des procédures de sélection et d'embauche qui accordent trop d'attention aux qualifications et à l'expérience techniques plutôt qu'à l'attitude, aux constellations d'équipes et à l'adéquation culturelle. Plusieurs pionniers de la Bêta, tels que Southwest Airlines, ont renversé ces hypothèses il y a longtemps. Chez Southwest, ils évaluent l'attitude et l'«adéquation» culturelle des candidats à l'emploi de façon beaucoup plus élevée que les qualifications techniques. Ils ont donc cessé d'embaucher des personnes qui travaillaient auparavant comme agents de bord dans d'autres compagnies aériennes, car celles-ci étaient souvent «gâtées» par les

cultures beaucoup moins entrepreneuriales de leurs concurrents. Le succès économique soutenu, entre autres, de Southwest au cours des quatre dernières décennies dans cette industrie extrêmement difficile indique que l'entreprise est sur la bonne voie.

Alors, comment imaginer la transition d'Alpha à Bêta? Qui initie un tel processus de changement?

Qui initie le processus ou qui lance la première balle n'est pas si important. Cependant, la haute direction doit attraper la balle et dire: «Nous voulons comprendre, nous devons comprendre pourquoi nous ne résolvons plus nos problèmes dans l'ancien mode, pourquoi nos initiatives de changement sont de moins en moins efficaces et pourquoi nos employés semblent paresseux et démotivés. La haute direction doit vouloir comprendre pourquoi l'ancien cheminement a pris fin et comment un autre modèle organisationnel fonctionnerait. Ensuite, la haute direction doit assumer la responsabilité du processus lui-même. Il ne suffit pas de «soutenir» ou de «cautionner» à distance!

Quelles sont les prochaines étapes?

Il y a deux voies. D'une part, nous avons trouvé des organisations Bêta où des individus ont initié et diriger ce type de transformation. J'appelle de tels personnages des «lumières brillantes». Goetz Werner de dm-drogerie markt, Dr. Jan Wallander de Handelsbanken, Taiichi Ohno de Toyota ou Ricardo Semler de Semco au Brésil – ce sont ou ce furent des lumières qui brillent. Ce sont des génies du bas de l'échelle qui, avec beaucoup d'énergie et de charisme, ont initié des changements profonds dans leurs organisations. Cependant, ils ont également compris où une action énergique et décisive s'imposait.

Naturellement, il n'y a que quelques génies du changement. Les lumières brillantes sont rares! Ainsi, dans les organisations d'aujourd'hui, en règle générale, nous devons nous appuyer sur autre chose – à savoir sur des groupes centraux ou des coalitions guide de ceux qui sont prêts à diriger la transformation. Une telle coalition guide sera composée d'un certain nombre de personnes qui apporteront avec elles les compétences essentielles au changement, telles que l'affirmation de soi, la passion, l'influence informelle, le pouvoir formel et le calibre intellectuel. Pas en une seule personne mais plutôt en équipe. L'expert américain du changement, John Kotter, a décrit d'une manière claire et compréhensible à quoi doit ressembler une telle approche pour un changement profond.

Pourquoi ne voyons-nous pas déjà beaucoup plus d'organisations Bêta?

Nous avons un problème de mode de pensée. Il est difficile pour la plupart des gens d'envisager la performance et le succès d'une organisation de manière efficace parce que leurs outils conceptuels ou leurs «modèles mentaux», comme les appelait Max Weber, sont façonnés par des dogmes de gestion ou Alpha obsolètes et ne sont plus adaptés aux problèmes de résolution.

Ce n'est vraiment la faute de personne si la pensée Alpha, jusqu'à ce jour, demeure le modèle standard du leadership organisationnel. Prenons quelques exemples: 90% de la gestion des risques consiste en des méthodes qui ne réduisent pas les risques mais qui les génèrent et en font la promotion. La gestion de la qualité est presque toujours inefficace. La gestion des

coûts est toujours inefficace et nuisible – c'est un peu comme le shadowboxing. Les structures formelles induisent un manque de coordination et une pensée cloisonnée. Les systèmes de rémunération sont à l'origine des problèmes qu'ils prétendent résoudre. Cela ne veut pas dire que le risque, la qualité et les coûts, la structure et la rémunération ne sont pas importants.
Cependant, la façon dont les organisations Alpha traitent ces questions est un peu comme si nous traitions encore aujourd'hui les maladies avec des saignées et des lavements. Dans les conditions de l'ère industrielle – dans des marchés léthargiques et avec une création de valeur relativement peu complexe, des gains d'efficacité pouvaient être obtenus avec des méthodes de gestion telles que les normes, les règles et la planification. Même si ces méthodes, même à l'époque, n'étaient pas considérées comme moralement irréprochables.
Entre-temps, ces méthodes sont devenues un problème de diverses façons, tant sur le plan économique que moral. Pour la plupart des gestionnaires, il faut un certain effort pour imaginer des solutions de rechange. Une alternative à la gestion des coûts, par exemple. Ou: A quoi ressembleraient des structures organisationnelles plus efficaces, sans division fonctionnelle et au-delà de l'organigramme habituel? Comment les équipes peuvent-elles améliorer leur performance sans avoir des budgets, des cibles ou des plans fixes et rigides ou une absence de comparaisons entre le plan et le réel? Comment diriger sans prendre de décisions? Dans tous ces domaines, il existe un besoin sérieux de développement et d'apprentissage.

Cela signifie que les gestionnaires, les praticiens, ne connaissent même pas les alternatives qui existent peut-être déjà depuis des décennies?
Du moins, ils ne peuvent pas facilement imaginer ces solutions de rechange dans le contexte de leur propre organisation ou déterminer comment elles pourraient être appliquées à leurs propres problèmes. Naturellement, vous pouvez envoyer des managers de General Motors, de Fiat ou de VW pour visiter Toyota. Tout cela a été fait dans le passé. C'était il y a 30 ou 40 ans. Les managers se sont rendus en masse au Japon pour jeter un coup d'œil sur le «miracle de la productivité japonaise» – principalement pour découvrir ce que Toyota a fait. La plupart de ces gestionnaires ont visité les usines Toyota pendant qu'ils étaient sur place. Qu'ont-ils appris là-bas? Pas grand-chose. Le plus souvent, ils ne pouvaient tout simplement pas voir ou comprendre le modèle qui leur était expliqué.
Mais il n'est pas si facile non plus d'appréhender un autre type de pensée. Il est presque impossible de décrire la création de valeur Bêta et la logique Bêta en utilisant la terminologie, le langage et la logique Alpha dans votre tête. Il y a cette anecdote d'un directeur de General Motors qui revenait tout juste du Japon et qui soutenait fermement que les Japonais avaient montré à son groupe de visiteurs de «fausses» d'usine – des imitations d'usines, pour ainsi dire. Il le prouverait aussi – notamment par le fait que ces prétendues usines n'avaient même pas de stock et d'inventaire!
On peut dire: Jusqu'à présent, la plupart des organisations ont peu appris de Toyota et d'autres pionniers du modèle Bêta. Ils ont imité une partie de ce qui était évident. Cependant, ils n'ont habituellement pas été capables de copier la pensée Bêta – et c'est ce qu'ils auraient dû apprendre. Ce n'est pas quelque chose qu'on

peut apprendre en regardant. Si quelqu'un s'adressait au DM et voulait y décrire le modèle de leadership avec un vocabulaire de gestion standard ou affecter les pratiques du DM à des outils de gestion classiques, il échouerait inévitablement.

Comment jugez-vous la capacité de repenser, dans les organisations?

Je vois encore et encore des managers qui réussissent assez rapidement à se faire une idée du BetaCodex. Il y a quelques années, j'ai été invité à rencontrer des dirigeants d'un groupe bancaire italien d'environ 10 000 salariés. J'ai présenté le modèle d'organisation de BetaCodex et Handelsbanken's au CEO et à son équipe. Le PDG était un homme très objectif, rationnel et réfléchi. Il a écouté attentivement, cependant il n'a pas dit grand-chose. Donc, pendant toute la réunion, je n'étais pas sûr de ce qu'il en pensait.

Au bout d'une heure et demie, il a dit: «Maintenant je comprends le modèle Handelsbanken. C'est précisément la philosophie dont nous avons besoin, mais que nous n'avons pas aujourd'hui, et qu'il nous est si difficile de saisir, infiniment difficile.» Puis il a dit: «En ce qui concerne certains problèmes techniques de notre industrie, je ne peux tout simplement pas encore imaginer comment ils peuvent être résolus en mode Bêta. Cependant, si Handelsbanken pratique cela avec succès, il y a fort à parier qu'il existe des solutions alternatives à ces problèmes techniques». En d'autres termes, il s'était immédiatement mis à penser à cette nouvelle logique qui lui était encore très étrange.

Sans cette volonté d'apprendre à résoudre les problèmes différemment, avec un nouveau type de pensée, la transformation n'est pas possible.

Le reste

Pour creuser plus creux

(Comment continuer le parcours)

Lecture recommandée

Haeckel, Stephan: Adaptive Enterprise – Creating and Leading Sense-And-Respond Organizations. HBRP, 1999

Kleiner, Art: The Age of Heretics: A History of the Radical Thinkers Who Reinvented Corporate Management. Jossey-Bass, 2nd edition, 2008

Kleiner, Art: Who Really Matters: The Core Group Theory of Power, Privilege, and Success. Broadway Business, 2003

Kotter, John: Conduire le changement: Feuille de route en 8 étapes. Pearson, 2015

Kotter, John/Rathgeber, Holger: Alerte sur la banquise! Réussir le changement dans n'importe quelles conditions. Pearson, 2018

McGregor, Douglas: The Human Side of Enterprise, annotated edition, McGraw-Hill, 2005

Mintzberg, Henry: Strategy Bites Back – It Is Far More, & Less, Than You Ever Imagined. FT Press, 2004

Morgan, Gareth: Images de l'organisation. Presses Université Laval; 2e édition, 2007

Pasmore, Bill: Creating Strategic Change – Designing the Flexible, High-Performing Organization. Wiley, 1994

Peters, Tom: Re-Imagine! Business Excellence in a Disruptive Age. DK Publishing, 2003

Pflaeging, Niels: Heroes of Leadership – The Men and Women Who Advanced Organizational Thinking in Theory and Practice. BetaCodex Network white paper, 2013

Pflaeging, Niels: Turn Your Company Outside-In! – A Paper on Cell Structure Design. BetaCodex Network white paper, 2012

Purser, Ronald/Cabana, Steven: The Self-Managing Organization – How Leading Companies Are Transforming the Work of Teams for Real Impact. Free Press, 1998

Seddon, John: Freedom from Command and Control – Rethinking Management for Lean Service. Productivity Press, 2005

Weisbord, Marvin: Productive Workplaces – Dignity, Meaning, and Community in the 21st Century, 3rd Edition. Pfeiffer, 2012

Matériel en ligne complémentaire et contenu vidéo

Visionnez ces **vidéos** de Niels Pflaeging

Visionnez et téléchargez ces **documents** par Niels Pflaeging

Lisez les **articles** de Niels Pflaeging sur LinkedIn

Lisez les **livre blancs** du réseau BetaCodex

Lisez les **articles** recommandés pour le réseau BetaCodex

Jetez un coup d'œil sur autres **livres** sur Beta

Visionnez ces **vidéos** de François Lavallée

Lisez les **articles** de François Lavallée dans son blogue

Contenu en ligne bonus: des ressources supplémentaires sont disponibles sur la page des extras du site de ce livre à l'adresse www.follettpublishing.com/bonus-content

Les auteurs sur Twitter: @NielsPflaeging, @aliterconcept

Quelques articles de recherche connexes par le réseau BetaCodex

From Now to New, Right Here. BetaCodex Network white paper No. 16
Niels Pflaeging & Silke Hermann
2019

Heroes of Leadership. BetaCodex Network white paper No. 14
Niels Pflaeging
2013

Org Physics – Explained. BetaCodex Network white paper No. 11
Niels Pflaeging & Silke Hermann
2011

Organize for Complexity. BetaCodex Network white paper – Special Edition
BetaCodex Network Associates
2012

Turn Your Company Outside-In! BetaCodex Network white paper – Special Edition
BetaCodex Network Associates
2008/2012

Making Performance Work. BetaCodex Network white paper No. 10
BetaCodex Network Associates
2009/2013

Les livres blancs sont disponibles en téléchargement gratuit sur www.betacodex.org/white-papers

Autres livres par Niels Pflaeging

Essays on Beta, Vol. 1.
What's now & next in organizational leadership, transformation and learning
Niels Pflaeging
Follett Publishing 2020.
Paperback/eBook.
ISBN 978-3-9484710-0-2

www.follettpublishing.com

OpenSpace Beta.
A handbook for organizational transformation in just 90 days
Silke Hermann/Niels Pflaeging
Follett Publishing, 2nd ed. 2020.
Paperback/eBook.
ISBN 978-0-9915376-6-2

www.workthesystem.com

Également disponible:
Affiches et bannières OpenSpace Beta et The Ultimate Changemaker Box

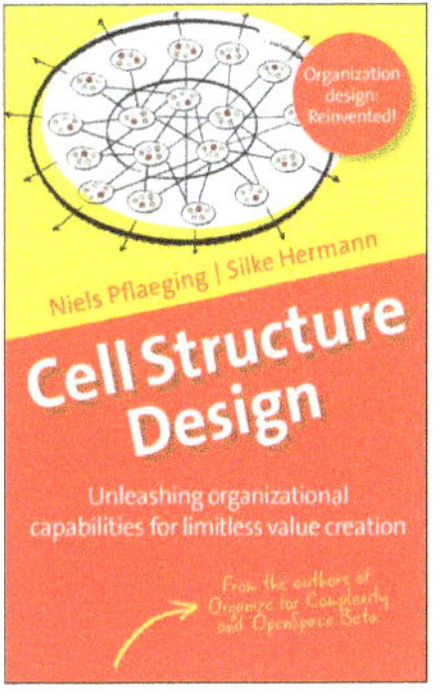

Cell Structure Design.
Unleashing organizational capabilities for limitless value creation
Niels Pflaeging/Silke Hermann
Follett Publishing 2021.
Paperback/eBook.
ISBN 978-3-948471-16-3

www.workthesystem.com

A propos des auteurs

Niels Pflaeging est un consultant, un entrepreneur et un orateur vivant à Wiesbaden, en Allemagne. Il se considère comme un chercheur sérieux mais aussi comme un praticien: en tant que conseiller, o; aide les dirigeants et les organisations de toutes sortes à maîtriser les profonds changements. Il a dirigé pendant cinq ans le groupe de recherche BBRT, Beyond Budgeting Round Table. Auparavant, il a travaillé quelques années comme contrôleur dans des sociétés industrielles multinationales. Au cours de cette période, il a découvert sa passion pour la transformation organisationnelle pour laquelle il s'est engagé à plein temps depuis 2003 dans divers rôles. Ceci est son quatrième livre sur ce sujet et son premier livre à être publié en français! En 2018, il fonde la société Red42, avec Silke Hermann.

Une autre façon de le décrire: Très tôt, il voulait expérimenter et comprendre le monde. Il a donc cherché des occasions de connaître différentes cultures et différents pays et de travailler dans différents contextes. Il a passé une de ses années de collège à Séville, en Espagne, puis plus tard à Buenos Aires. Il a vécu 12 années passionnantes à São Paulo ainsi que 5 années à New York. Au travers de son travail, il a trouvé et trouve encore des opportunités de faire l'expérience du travail et de la vie dans de nombreux pays et il s'est habitué à travailler dans quatre langues. Il pense que tout cela a façonné sa vision des organisations. Malgré des différences de langue et de culture, notre traitement du travail est étonnamment homogène, globalement, ce qui s'explique probablement par le conditionnement au cours de nos années formatrices. L'apprentissage et l'éducation sont donc également devenus un sujet de grand intérêt pour lui. Depuis 2011, il enseigne le leadership et la complexité dans plusieurs universités et collèges. Il est un partisan et activiste de la réforme en profondeur de l'enseignement commercial. Il aimerait connaître vos réactions à la lecture de son livre. E-mail: contact@nielspflaeging.com.

François Lavallée se spécialise en prise de conscience manageriale en livrant des interventions dynamiques et surprenantes pour stimuler l'engagement des participants et les faire sortir de leur zone de confort. Ah oui, bien que sa maîtrise en science en fait un biologiste moléculaire il oeuvre maintenant en étudiant la vie dans les organisations comme biologiste organisationnel. E-mail: lavallee@aliterconcept.com.

A propos de ce livre – par Niels Pflaeging

Organiser pour la complexité s'avère être un livre assez distinctif, comparé à mes précédents. J'ai aimé acquérir de l'expérience en écrivant et en publiant des livres sur le leadership. Avant ce livre, j'en ai écrit au total trois dont «Leading with Flexible Targets» et «Bye-bye Management!», publiés en allemand et dans quelques autres langues. Je suis heureux que les critiques et les commentaires des lecteurs et des critiques ont toujours été principalement positifs et même enthousiastes. Y compris quelques récompenses de livre d'affaires.

Mais je ne pouvais pas m'empêcher de remarquer que les idées sur le leadership, le changement et l'apprentissage que je soutenais dans mes livres atteignaient et (plus important encore) touchaient une infime fraction des auditoires auxquels elles étaient destinées. Je voulais que mes lecteurs vivent une expérience tout aussi intense, amusante et engageante que celle que les spectateurs avaient lors de mes ateliers, séminaires et allocutions! Mais cela ne semblait pas vraiment arriver avec les livres. Le format traditionnel des manuels peut transmettre ce type d'expérience à certains mais certainement pas à tout le monde.

Tous les concepts présentés dans ce livre sont à la fois basés sur la recherche et testés de manière pratique.

Donc, avec celui-ci, j'essaie une nouvelle approche du business book. Il est conçu pour atteindre les «lecteurs» et les «non-lecteurs». Ceux qui aiment les mots. Ceux qui aiment les images, les visuels, les couleurs, la fantaisie, l'esthétique. Et ceux qui veulent s'amuser tout en apprenant quelque chose d'utile sur les affaires, les organisations et le leadership. Ce livre est conçu pour être «lu» et expérimenté de manières très différentes.

Écrire, éditer et publier ce livre était très différent de ce que j'avais vécu avec mes autres livres. C'était un processus beaucoup plus intime: aborder le travail sans éditeur traditionnel me permettait de contrôler pour la première fois tous les éléments du livre. Ce qui était et est vraiment rafraîchissant et excitant.»

J'espère que ce livre sera le début d'un voyage de découverte pour vous. J'espère que vous l'apprécierez et que cela vous inspirera pour agir!

Remerciements

À Valérie Girard et Laurence Bonhomme, pour la révision et selecture de la version Française.

Remerciements de Niels Pflaeging

Je tiens à remercier mon co-auteur de cette édition de livre. Ton engagement, **François,** a rendu ce livre en français possible en premier lieu ! Et j'ai eu beaucoup de plaisir à travailler ensemble!

Mes remerciements particuliers vont à ma compagne, collaboratrice et muse non-conformiste, Silke Hermann. Je trouve des traces d'elle sur chaque page, dans chaque paragraphe de ce livre. Elle a beaucoup façonné le concept de cette œuvre et ses directives éditoriales l'ont influencé à chaque étape du projet.

Merci à mon «amie sympa» et collaboratrice Valérya Carvalho, qui a contribué au projet pendant les phases de conception, de développement du manuscrit et de révision.

Deborah Hartmann Preuss et Paul Tolchinsky, qui ont revu et transformé le manuscrit en Anglais. **À mon ami et mentor, théoricien des systèmes et consultant Gerhard Wohland,** pour bon nombre de modèles et d'outils de réflexion mentionnés dans ce livre.

Pour la graphiste Pia Steinmann. Sans elle, donner vie à ce livre n'aurait pas été possible. **À Jurgen Appelo,** dont les dessins à la main m'ont inspiré à l'origine pour conceptualiser le livre blanc S'organiser pour la complexité. Jurgen m'a aussi généreusement autorisé à utiliser ses illustrations pour les premières incarnations de l'article.

À tous mes amis en ligne et hors ligne qui m'ont aidé tout au long du parcours, notamment Philippe Brière, Harold Jarche, Jon Husband, Dawna Jones, Bill Pasmore, Paul Tolchinsky, Robin Fraser, Gebhard Borck, Andrej Ruckij, Sergio Mascheretti, Sasha Spencer, Chris Catto et Jay Cross.

Grands livres, affiches et trousses d'apprentissage qui prennent en charge votre transformation Bêta. Tout sur www.redforty2.com/shop

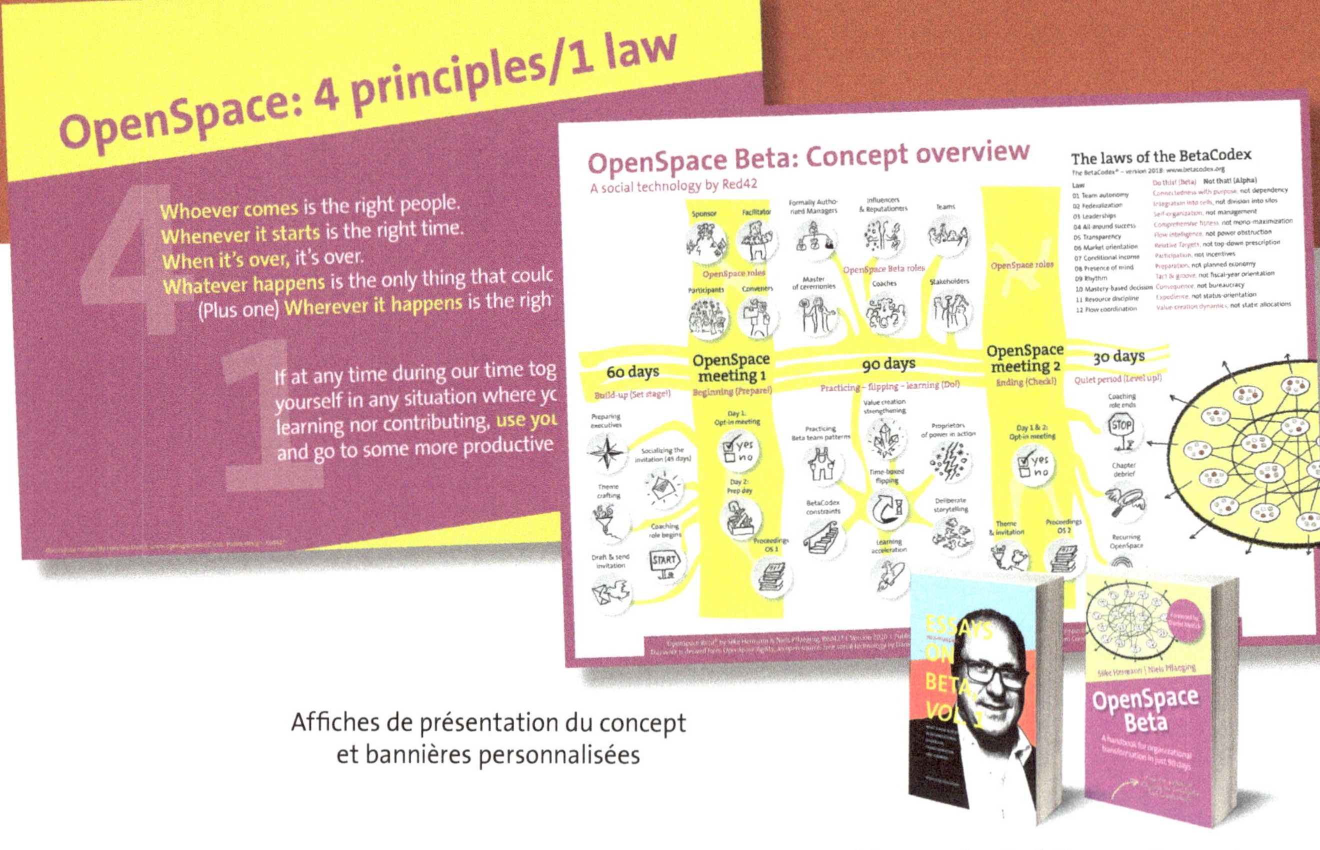

Affiches de présentation du concept
et bannières personnalisées

Réservez des forfaits avec des remises
intéressantes. Livraison internationale.

www.redforty2.com/shop

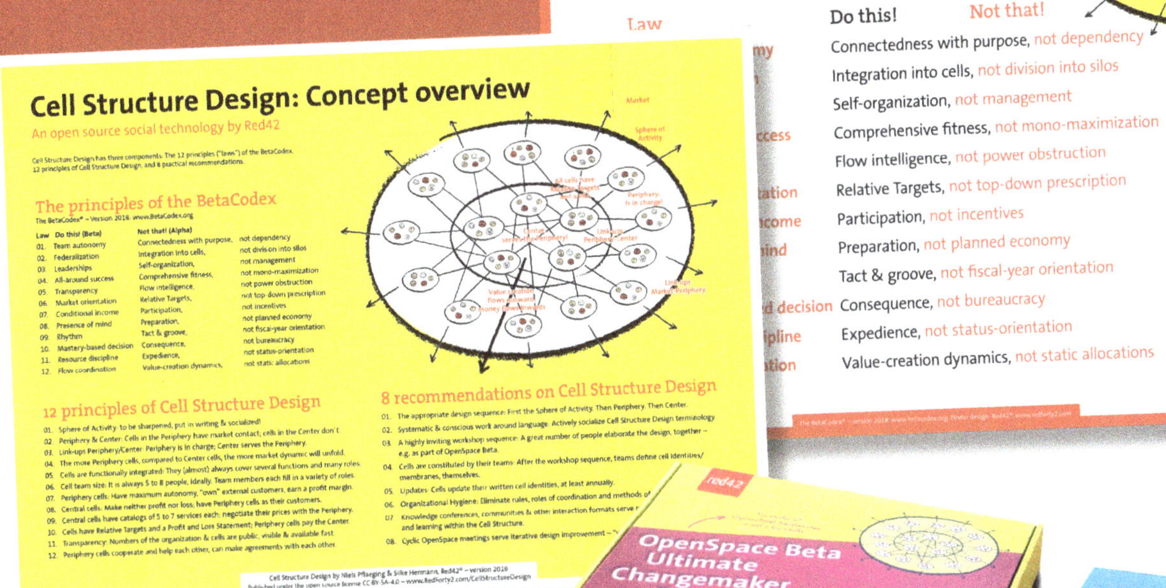

Boîtes d'apprentissage, jeux de cartes
et autres. Remises attractives sur les volumes.

www.ingramcontent.com/pod-product-compliance
Ingram Content Group UK Ltd.
Pitfield, Milton Keynes, MK11 3LW, UK
UKHW061134310726
14090UKWH00038B/1355